KB069660

심리치료
전문가와 함께하는

하루 5분
양육기술

심리치료
전문가와 함께하는

하루 5분
양육기술

박동혁 · 김영은 · 박현정 · 송목련 · 최혜진 공저

학지사

머리말

"세상의 모든 자녀는 유년기라는 인생의 결정적 시기를 처음 부모 역할을 하는 성인을 통해 경험하게 됩니다."

이 책의 구성에 참여한 저자들은 모두 심리학을 전공하고 현장 전문가로 활동하다가 결혼을 하고 부모가 되었다는 공통점을 가지고 있습니다. 아동 발달에 대한 소정의 지식과 경험을 가지고 있음에도 온전한 부모의 역할을 한다는 것은 결코 쉬운 것이 아니었습니다. 아동의 건강한 발달과 성장은 모든 부모의 관심사이기 때문에 심리치료 전문가로서 알고 깨닫게 된 것들을 어떻게 하면 다른 부모님들과 효과적으로 나눌 수 있을지 고민하며 이 책을 구성하게 되었습니다.

"만일 자녀를 태어난 시점부터 다시 양육할 수 있는 기회가 주어진다면 어떻게 하시겠습니까? 지금과 똑같은 방식으로 하겠습니까? 아니면 무언가 다른 방식으로 해 보겠습니까?"

양육에 대한 강연을 할 때 부모님들께 빼놓지 않고 던지는 질문입니다. 이 질문에 답을 하려면 두 단계에 걸친 생각이 필요합니다.

첫 번째 단계는 현재 내 아이가 한 인격체로서 건강하고 행복하게 성장하고 발달하고 있는지에 대한 것입니다. 만일 아이가 바람직한 모습('완벽한'이 아닙니다!)으로 성장하고 있다면 당신은 부모로서 굳이 다른 방법을 선택할 필요가 없습니다. 이미 잘해 왔으므로 그 방법을 유지하면 됩니다.

하지만 OECD 국가 중 아동 행복도가 꼴찌인 나라에서 "우리 아이는 더 바랄 것 없이 잘 자라고 있으니 내게는 양육에 대해 알아야 할 것이 없다!"라고 단언할 부모를 찾기는 쉽지 않아 보입니다. 아이에게 발달의 여러 측면에서 어려움이 관찰되거나 잦은 갈등이 발생하고 있다면 다음 단계에 대해 생각해 봐야 합니다.

두 번째 단계는 '왜' 그리고 '무엇'이 현재의 모습에 영향을 주게 되었는지에 대한 것입니다. 여기서 타고난 외모나 환경 조건은 잠시 배제하도록 하겠습니다. 부모로서 할 수 있었던 것들에 대해 생각해 봅시다. 미처 알지 못해 놓쳤던 것들, 처음부터 잘못 알았던 것들 혹은 알았으나 실천하지 못한 것들이 생각나게 됩니다.

최근 통계 조사에 따르면 우리나라의 출산율은 1.2명으로 전 세계 최하위 수준이며 외동아의 비율은 이미 50%를 넘기고 있습니다. 이 한 번의 양육기회를 어떻게 해야 성공적으로 해낼 수 있을까요?

"정답은 없지만 훨씬 바람직한 방법은 존재합니다. 그리고 늦은 것도 없습니다."

아이들의 기질과 부모의 성격, 처한 상황이 모두 다르기 때문에 양육에 정답은 없습니다. 인내와 시행착오의 시간을 거쳐 마침내 부모는 더 성숙한 인격을 갖게 되고 아이들은 그런 부모와 함께 온전한 존재로 성장해 가는 것입니다.

현장에서 아이들을 오랜 시간 돌보고 치료한 전문가들은 '타산지석'의 의미를 잘 알게 됩니다. 적어도 우리가 피해야 할 것은 무엇인지 알게 됩니다. 더불어 건강한 성장을 위한 조건도 수많은 심리학적 이론과 사례 경험을 통해 깨닫게 됩니다.

부모님들의 이해를 돕기 위해 이 책에서는 오랜 논의를 통해 현장에서 자주 접하게 되는 가장 대표적인 발달 문제를 총 8개의 범주와 24개의 하위 주제로 제시하였습니다. 이러한 주제는 다음과 같은 단계로 정리하였습니다.

하나, '사례'
각 주제의 서두는 개별 전문가가 경험한 사례로 시작합니다. 모든 사례는 가명으로 처리했고 여러 사례를 조합하고 각색하여 특정 문제 영역을 잘 대표하고 이해할 수 있도록 구성했습니다.

둘, '전문가 설명'
심리학적 이론에 근거하여 해당 문제에 대한 전문가의 설명을 제공합니다.

셋, '아이의 행동 확인'

문제의 심각도를 판단할 수 있는 대략의 기준을 제시합니다.

넷, '부모님의 행동 확인'

멈추어야 할 효과적이지 않은 양육행동을 검토한 후 이를 대체할 수 있는 효과적인 양육전략을 제공합니다.

다섯, '5분 양육팁'

오늘 당장 아이와 함께해 볼 수 있는 적용팁을 흥미로운 워크북의 형태로 제공합니다. 현장 전문가들의 경험과 아이디어 회의를 통해 구성했고 다양한 치료 기법에서 응용한 내용입니다. 엄마, 아빠가 함께 시간을 내어 아이와 5분 정도 놀이하듯이 적용해 보기 바랍니다.

이 책을 통해 부모라는 막중한 사명을 효과적으로 이루어 나갈 수 있기를 바라며 나의 자녀가 되어 준 아이에게 감사하고, 더욱 행복한 가정을 완성하시길 기원합니다.

마지막으로 긴 시간 함께 논의하고 작업에 참여해 준 좋은 부모이자 치료자인 김영은, 박현정, 송목련, 최혜진 선생님께 감사의 말씀을 드립니다. 또한 이 책이 나올 수 있도록 물심양면으로 지원해 주신 학지사 김진환 사장님과 편집부 여러분께도 감사의 말씀을 전합니다.

저자 대표 박동혁 박사

차례

머리말 5

01

생활습관에 어려움을 보이는 아이

1. 식사시간은 전쟁터 – 식습관 문제 15
2. 엄마 대신 스마트폰 – 스마트폰 중독 27
3. 입만 열면 피노키오 – 거짓말 37

02

또래관계에 어려움을 보이는 아이

4. 사람 앞에 서면 홍당무 – 낯가림 53
5. 나는야 삐짐이 – 소심함 67
6. 친구야, 나만 바라봐 – 또래 집착 79

03 조절능력에 어려움을 보이는 아이

7. 우리 집 무법자 – 과잉행동 93

8. 못 말리는 떼쟁이 – 욕구조절 107

9. 손톱 물어뜯기 선수 – 강박행동 119

04 정서적 어려움을 보이는 아이

10. 엄마 껌딱지 – 분리불안 133

11. 슬픈 나무늘보 – 우울·무기력 147

12. 기억의 아픔에 갇힌 아이 – 트라우마 161

05 학습에 어려움을 보이는 아이

13. 공부 빼고 다 재미있는 아이 – 학습동기 177

14. 내 마음은 이미 빵점 – 학습자신감 191

15. 할 일을 매번 미루는 아이 – 공부습관 문제 203

06

공격성을 보이는 아이

16. 나는야! 헐크 – 또래 공격성 219

17. 평생의 라이벌, 큰아이와 작은아이 – 형제갈등 231

18. 세상에서 제일 만만한 우리 엄마 – 부모자녀갈등 245

07

신체적 어려움을 보이는 아이

19. 내 몸은 놀이터 – 자위행동 259

20. 자다가 번개 맞는 아이 – 야경증 273

21. 밤만 되면 지도 전문가 – 야뇨증 287

08

발달에 어려움을 보이는 아이

22. 말이 늦은 아이 – 언어발달 301

23. 운동발달이 느린 아이 – 대근육 · 소근육 발달 313

24. 혼자 노는 외톨이 – 사회성 발달 327

01

생활습관에
어려움을 보이는 아이

1. 식사시간은 전쟁터 – 식습관 문제

사례 예나는 올해로 다섯 살이 되었다. 예나의 부모는 '미운 다섯 살'이라는 말이 요즘처럼 와 닿을 수가 없다. 매 식사시간마다 전쟁을 치르기 때문이다. 처음에는 "이거 맛없어. 토할 것 같아."라는 말을 하며 채소나 처음 보는 음식을 거부했었다. 이제는 점점 심해져서 식탁에 앉으려고도 하지 않고, 잠깐 앉았다가도 이내 냄새를 킁킁 맡거나 대충 맛을 보고는 "다 먹었다"라고 하며 자리를 뜬다. 아이를 쫓아다니면서 입에 억지로 넣어 주면 소리를 지르며 울다가 그대로 뱉거나 토하기 일쑤다. 결국, 하루 식사량이 열 숟가락을 넘기기가 어렵다. 종종 배가 고픈 것은 느끼는지 칭얼거리면서 과자를 달라고 떼를 쓰기도 하는데, 예나의 부모는 결국 밥 두어 숟가락을 먹는 조건으로 과자를 내어 주게 된다.

예나의 아빠는 예나가 좋아하는 장난을 치며 예나 입속으로 채소를 넣어 주기도 해 보고, 매를 들고 앉아서 다 먹을 때까지 지키고 서 있기도 해 보았다. 예나의 엄마도 예나가 좋아하는 음식을 해 줘도 보고, 안 먹는다고 할 때마다 그릇에 조금씩 담아 아이를 따라다니며 먹여도 보았다. 그렇지만 입이 짧은 버릇은 쉽게 고쳐지지 않고, 오히려 아이는 짜증만 늘어 가고, 부모가 "한 입만 더 먹어"라며 애걸복걸하는 상황은 습관이 되어 갔다.

현장 전문가에게 물어보세요

Q 01 | 예나와 같은 식사습관을 보이는 아이들이 많은가요?

식사문제에는 편식뿐만 아니라, 돌아다니면서 섭식하거나, 입에 물고 있거나 뱉는 등의 식사문제가 있고, 주변에서 쉽게 관찰된다. 최근에는 많은 보육기관에서 정해진 식사시간 내에 식사를 마치지 못하는 아이들에 대한 보고가 증가하고 있다.

한편, 한 연구에서는 부모들이 자녀들에게 섭식하도록 하는 식사량이 아이들의 소화량보다 현저히 많다는 결과를 발표하기도 하였다. 아이들은 아직 발달 중이므로, 먹는 양이 애초에 적을 수 있기 때문에, 어른의 시각으로는 식사습관의 문제로 비춰질 가능성도 있다.

Q 02 | 왜 이런 습관이 생기게 되었을까요?

대부분의 아이들은 생후 6개월에서 만 3세경에 음식에 대한 호불호를 느끼고 표현하기 시작한다. 단지 음식의 맛뿐만이 아니라, 다양한 원인에 근거하여 음식에 대한 태도가 나타날 수 있다. 예나와 같이 기질적으로 예민한 성향의 아이들은 새로운 음식에 대해 역겨움을 느끼고, 냄새나 형태, 혹은 씹는 질감에 민감하게 반응하여 편식할 가능성이 높다. 식사시간을 지키지 못하는 아이들의 경우에는 식사시간에 TV나 스마트폰을 보는 것이 익숙하여 주의가 산만해지고 섭식을 거부하는 경우가 많다. 더불어, 식사를 돕는 부모나 양육자와의 관계가 식사습관에 영향을 끼치기도 한다. 이처럼 식사문제는 다양한 심리적 · 환경적 원인이 있을 수 있다.

 03 ㅣ 시간이 지나면 식사습관이 나아질까요?

아이들의 미각은 엄마 배 속에서부터 조금씩 형성된다고 한다. 출생 이후에도 긴 시간을 통해 입맛이 형성되고, 변형되기도 한다. 컨디션이 좋지 않을 때에나, 치아가 날 때, 혹은 급성장기에는 식사량이 적고 식사에 흥미를 보이지 않을 수 있다. 그러나 특정시기를 제외하고는 미각이 발달하면서 편식습관도 많이 개선이 되므로, 아이들의 미각발달을 도울 필요가 있다. 특히, 인스턴트 식품이나 간이 센 음식에 길들여진 아이의 편식은 미각을 잘 느끼지 못하기 때문일 수 있으므로, 신선하고 영양가 있는 식습관을 통해 건강한 미각발달을 돕고 편식을 줄여 갈 필요가 있다. 한편, 기질적인 원인이 분명한 경우에는 식사량이 지속적으로 적을 수 있으므로, 아이에 맞게 조절하는 것이 필수적이다.

아이의 행동을 확인해 보세요

1) 이 정도면 부모의 관심이 필요해요.

- 만 3세가 되어도 식사에 관심이 별로 없고 타인이 먹여 줘야만 먹는다.
- 돌아다니면서 천천히 먹거나 뱉거나 토하는 등의 식습관을 보인다.
- 두부는 싫어하지만 고기는 좋아하는 등 같은 식품군에서 대체 가능한 음식은 잘 먹는다.
- 식사 시 느껴지는 특정한 냄새, 맛, 촉감에 대해 거부반응을 보이지만 대체로 잘 먹는다.

2) 이 정도면 전문가와 상의가 필요해요.

- 음식섭취에 대해 흥미도 없고 부정적 생각이 있어 식사를 거부한다.
- 식사거부로 인한 심각한 체중 미달 혹은 감소가 있다.
- 식사거부로 인해 영양이 심각하게 결핍되어 있다(영양제를 필수로 먹는다).
- 어린이집, 유치원 등 보육시설에서 가장 식사속도가 느리다.

부모님의 행동을 확인해 보세요

"너 또 안 먹을 거지? 안 먹을 거니까 저리 가!" (섭식 거부 혹은 편식을 확인하는 말)

아이들은 식사시간에 반복되는 갈등으로 인해 '식사를 잘 해야 한다.'라는 생각은 갖고 있다. 그러나 음식을 보았을 때 먹을 용기가 나지 않아 편식을 하거나 섭식거부를 하게 되는 경우가 많다. 아이들은 '오늘은 잘 먹어 봐야지.'하며 내심 생각하다가도 식사 전에 미리 아이의 용기를 꺾으며 '너는 안 먹는 아이'라는 평가를 하면, 자연스럽게 편식과 섭식거부의 행동을 보이게 된다.

"오늘도 남기면 맴매야!" (억지로 식사하도록 하는 말)

아이가 편식하거나 섭식을 거부할 때, 아이를 설득하는 것은 불가피할 수 있다. 하지만 과도하게 강압적인 태도를 보이며 '남기는 것=회초리 맞는 것'이라는 인식을 심어 주는 것은 좋지 않다. 그런 경우, 음식물을 보면 구토를 하거나 배가 아프다고 호소를 하는 등 두려움을 피하기 위해 신체적 증상을 동반할 수 있다.

"한 입만, 한 입만 먹고 가." (아이를 따라다니면서 먹여 주는 행동)

아이들은 첫돌 이후로 혼자 식사를 수행하고자 하는 의욕이 높아진다. 이 시기에 식사를 거부하여, 계속 양육자가 먹여 주게 되면, 이후로도 습관을 고치기가 어렵다. 만 3세까지도 지속적으로 먹여 주지 않으면 안 먹으려고 하는 행동을 보인다면, 먹여 주는 방식을 단호하게 바꾸어야 할 필요가 있다. 아이가 가끔 한 번씩 응석을 부리려고 먹여 달라고 요구하는 상황이라면, 귀찮아하지 않고 한두 번 정도는 요청을 들어주어도 좋겠으나, 습관화되어 아이는 다른 것에 열중하려고 하고, 부모가 따라다니면서 먹여 주는 행동을 보이고 있다면 이는 중단하여야 한다.

2) 효과적인 양육행동

"오늘은 무슨 요리를 해 볼까?" (음식 준비를 도와 재료와 친해지도록 돕는 행동)

아이들의 식습관 개선을 위해 야채 요리에 아이들을 참여시키는 경우가 많이 있다. 하지만 아이가 잘 먹지 않는 음식 조리에만 참여할 필요는 없다. 식사준비나 음식 재료준비 등에 참여하는 것을 생활화하는 것은 식사를 거부하는 아이에게 좋은 방법이 될 수 있다. 아이들은 이 과정을 통해 여러 가지 감각을 발달시키고, 더불어 식사에 대한 주도성을 가질 수 있다. 또한 부모들은 아이가 음식을 거부하는 원인이 무엇인지 살펴볼 수 있어 조금 더 아이의 입장에서 이해할 수 있게 된다.

"우리 가족의 식사시간은 긴 바늘이 '2'에 갈 때까지야."
(정해진 식사시간을 알리고, 자발적으로 식사하도록 돕는 말)

넉넉히 잡은 식사시간을 미리 가족들에게 알리는 것이 좋다
(가장 적당한 유아 식사시간은 20분 내외다). 그리고 가족들이 그 시
간 동안에는 식탁에 앉아 있어야 함을 알려 주어야 한다. 식사시
간 동안에는 "이거랑 먹어." "한 숟가락만 더 먹어." "안 먹으면
다 치울 거야." 등의 말로 강요하는 것은 참도록 한다. 그 시간
이후로도 남은 밥을 먹도록 강요하거나 먹여 주지 않도록 하여
야 한다. 처음에는 아이가 너무 안 먹어서 걱정이 되어 지속적으
로 아이를 살피거나, 도와주고 싶을 수 있다. 그러나 조금은 단
호하게, 정해진 시간을 지키고 이후로 그릇을 치우는 것을 몇 번
반복하며, 적은 양일지라도 자발적으로 식사한 모습을 격려하다
보면 아이가 정해진 시간 동안 식사를 시작하고 마칠 수 있게 될
것이다.

"식사시간은 가족 간의 대화시간" (식사시간을 재미있고 유익하게 만드는 행동)

식탁에서의 반복되는 실랑이 결과, 아이들이 식탁에 앉는 것을
거부하게 된다. 아이들의 발달과 성장을 위해 수면과 식사는 필
수적인 만큼, 식사시간을 '따뜻한 시간'으로 만들어야 한다. 되도
록 식탁에서 꾸중하거나 싸우는 것은 피하고, 가족 간의 애정을
나눌 수 있는 분위기를 형성하도록 한다. 스마트폰과 TV를 꺼 두
는 것은 필수다. 다급하고 높은 톤의 말이 오가던 식탁의 분위기

가 따스하게 바뀐다면, 아이들도 식탁에 오는 것, 그리고 식사하는 것을 반기게 될 것이다. 더불어 식사량 통제가 어렵던 아이들도 좀 더 편안한 분위기를 통해 먹는 양을 인식하고 절제할 수 있게 될 것이다.

음식 카드 게임

활동순서

❶ 각 카드를 뒤집어 둔다.

❷ 구성원 각자 카드를 뽑고 본인만 내용을 확인한다.

❸ 어떤 음식에서 맛볼 수 있는지 퀴즈를 낸다.

❹ 맞힌 사람이 카드를 가져간다.

❺ 가장 많은 카드를 모은 사람이 승자가 된다.

알아두기

식습관 문제는 심리적인 원인을 파악하고 이해를 도울 필요가 있다. 따라서 가족이 화기애애한 분위기 속에서 음식, 맛, 식감에 대한 경험을 쌓고 새로운 재료에 대한 두려움을 해소하는 것이 도움이 될 수 있다. 맛 카드를 이용하여 각 맛에 대해 이야기해 본다. 가장 좋아하는 맛과 식사를 하기 싫은 이유에 대해서도 이야기를 나눠 볼 수 있다. 음식 카드를 이용하여, 가족들이 함께 돌아가면서 한 장씩을 뽑은 후 그에 맞는 음식을 찾아내고 맛보는 게임으로 응용할 수 있다.

달다	짜다
맵다	쓰다
폭신하다	아삭아삭 하다
말랑말랑 하다	쫄깃쫄깃 하다

2. 엄마 대신 스마트폰 – 스마트폰 중독

사례
사람이 많이 붐비는 식당에서 여섯 살 정훈이와 엄마는 실랑이를 벌이고 있다. 정훈이가 스마트폰을 달라고 떼를 부리기 때문이다. 엄마는 과자도 꺼내 보고 숫자놀이도 해 보다가 결국 스마트폰을 급하게 쥐어 주고서야 식사를 시작할 수 있게 된다. "정훈아. 지금 보고 있는 만화만 보고 스마트폰 빠이빠이 하는 거야." "아니야, 싫어!" 아빠는 너무 몰입해서 보는 정훈이가 걱정스러워 그만 보도록 하고 싶지만, 이럴 때마다 아이와의 전쟁이 한 번 더 시작이 된다. 겨우 스마트폰을 내려놓은 정훈이는 입맛도 없고 멍하니 다른 곳을 바라보고 있다.

정훈이는 음악이 나오면 좋아서 발을 버둥버둥하고, 엄마와 눈만 마주쳐도 까르르 잘 웃던 아기였다. 아이의 움직임이 많아지고 호기심이 많아질 때쯤 외출 때마다 아이를 잡으러 다니느라 피곤했었다. 그래서 식당에 가거나 사람들과의 모임이 있을 때, 카시트 태울 때에는 '한 번쯤 괜찮겠지……' 라는 마음으로 스마트폰을 보여 주며 달래고 자리에 앉아 있게 하곤 했다. 어쩌다 한 번 보여 주기 시작한 스마트폰은 집에 있을 때에도 엄마 아빠를 편안하게 해 주었다. 엄마가 집안일을 할 때는 물론이고 아빠가 낮잠 자는 시간에도 아이는 스마트폰과 놀이시간을 가졌다.

그런데 어느 순간 엄마 아빠에게 스마트폰이 고민거리가 되었다. 유치원에서 돌아오자마자 엄마 아빠만 보면 스마트폰을 찾고 다른 어떤 것으로도 대신할 수 없는 상황이 되었다. 엄마가 안 된다고 단호하게 이야기해 보지만 짜증이 심해지고 화를 내는 정훈이의 반응을 보게 되면 마음이 약해져 스마트폰을 주게 된다. 엄마 아빠가 재미있는 이야기를 해 주어도, 신나는 음악이 나와도 예전같이 잘 웃는 정훈이는 없고, 모든 활동에 쉽게 흥미를 느끼지 못하는 정훈이가 되어 버렸다.

때마다 엄마 아빠를 편리하게 해 주던 스마트폰이 이제는 없으면 안 되는 존재가 되어 버렸고 정훈이와 엄마의 싸움거리가 되었다. 사실 오늘도 스마트폰을 안 보여 주려고 했으나 옆 테이블의 아이가 보고 있으니 정훈이도 달라고 떼를 쓰기 시작한 것이다. 다른 어떤 장난감보다도 스마트폰을 제일 좋아하는 정훈이를 볼 때면 걱정도 되지만 어떻게 스마트폰으로부터 멀어지게 할지 엄마와 아빠의 고민이 크다.

현장 전문가에게 물어보세요

 01 | 아이들은 왜 스마트폰을 좋아하나요?

아이들이 스마트폰에 쉽게 빠지는 이유는 스마트폰이 매우 강한 시·청각 자극을 주는 매체이기 때문이다. 사람의 뇌는 자극적인 것에 반응하고, 그 자극을 기억하며, 다음에도 그와 동일한 자극 수준을 기대하게 되어 있다. 스마트폰은 아이들의 머릿속에 깊은 자극을 주어 그와 유사하거나 더 강한 자극이 주어지기 전까지는 계속 그 자극을 원할 수밖에 없게 만든다.

02 | 스마트폰이 왜 좋지 않은 건가요?

영유아 시기의 아이들은 다양한 감각적 자극(청각, 촉각, 후각 등)을 통해 정서발달, 신체발달, 뇌발달이 이루어진다. 아이의 성장에 있어서 한두 가지 쪽으로 쏠린 강력한 자극은 다른 부분의 발달을 방해한다. 특히 스마트폰과 같은 강력한 자극을 주는 매체는 그 이하의 다른 자극들에 대해 뇌가 인식하지 못하도록 한다. 아이가 성장해 나가며 엄마의 냄새, 숨소리, 노래 등 소소한 자극들로 만들어지는 행복을 느끼지 못하게 하며 그것들을 통한 배움의 기회를 잃게 한다.

실제 뇌파연구에서는 스마트폰을 사용하는 당시에는 스트레스 관련 뇌파가 감소하는 현상을 보이지만 스마트폰 사용을 하지 않는 일상생활에서는 스트레스를 나타내는 뇌파가 더 높아지는 것을 볼 수 있었다. 잠시 일시적인 만족감을 주는 스마트폰은 유아에게 발달적인 문제뿐 아니라 스트레스, 성격형성에도 많은 영향을 준다. 이러한 스마트폰의 특성은 TV의 과한 시청에 나타나는 문제점과 유사하다.

스마트폰과 TV는 일방향 자극이다. 스마트폰이 없던 시절 가끔 '아이의 사회성'이 염려되어 상담실을 찾아오는 부모님들과 대화를 해 보면 아이에게 TV를 장시간 시청하도록 한 경우가 많았다. 아이는 반응해 주는 대상과 함께 소통하며 언어발달과 사회성을 기르고 사람과 소통하는 재미를 느끼는데, TV와 스마트폰과 같이 한쪽에서만 자극을 주며 돌아오는 반응이 없는 경우 아이의 언어발달뿐 아니라 사회성과 정서 발달에 좋지 않은 영향을 미치게 된다.

 03 | 유아도 스마트폰 중독에 걸릴 수 있나요?

최근 행정안전부에서 실시된 '인터넷 중독 실태조사'에 따르면 만 5~9세 유아 · 어린이의 인터넷 중독률은 7.9%, 10~19세 청소년은 10.4%였다. 20~49세 성인의 중독률인 6.8%보다 유아 · 어린이의 인터넷 중독률이 높은 수치다. 인터넷 중독과 스마트폰 중독은 같은 행동중독으로 분류되기에 유아도 스마트폰 중독에 걸릴 수 있다는 것을 보여 주는 결과이다.

스마트폰을 사용한다고 해서 모든 아이들이 쉽게 몰입하고 스마트폰에 과하게 집착하는 것은 아니다. 부모와의 애착이 취약하거나, 아이가 자주 심심하거나 자극과 반응 시간이 적었던 경우, 스트레스가 많은 상황에 있는 유아라면 좀 더 스마트폰에 과몰입할 수 있다.

 04 | 이미 많이 사용하고 있는데 괜찮을까요? 아예 안 보여 주는 것이 좋을까요?

이미 뇌에서 많은 부분이 스마트폰의 강한 자극에 길들여져 있는 아이가 일상적인 생활에서의 자극에 즐거움을 느끼기까지는 시간이 걸린다. 부모는 단시간에 해결을 바라는 마음으로 급하게 고치려고 하기보다는 아이와 스마트폰 사용시간을 상의하여 시간을 줄여 가도록 한다.

또한 아이가 참을 수 있을 만큼 잘 참아 냈을 때 부모의 칭찬을 통해 만족지연능력도 높여 줄 수 있도록 한다. 아이는 점점 스스로 참고 잘 견딘 것에 대한 기쁨과 스마트폰을 스스로 조절할 수 있는 자신감이 생길 것이다. 부모가 어떻게 해야 할지 막막하거나 아이가 스마트폰을 하지 않을 때 짜증을 내거나 화내는 수준이 심각할 경우 전문가와의 상담을 권한다.

아이의 행동을 확인해 보세요

1) 이 정도면 부모의 관심이 필요해요.

● 스마트폰 사용을 좋아하지만 부모와 약속한 시간이 되면 스마트폰 사용을 멈출 수 있다.

● 스마트폰 사용을 좋아하지만 또래와의 놀이를 더 좋아한다.

● 스마트폰 사용을 좋아하지만 부모가 다른 놀이를 제안하면 할 수 있다.

2) 이 정도면 전문가와 상의가 필요해요.

● 한 번 스마트폰을 시작하면 아이의 일상생활(식사, 외출, 또래놀이, 화장실 등)이 되지 않을 정도로 몰입한다.

● 스마트폰을 하기 위해 조르는 일이 많고, 못하게 하면 화를 내고 짜증을 많이 내며 안절부절못한다.

● 다른 때에 비해 스마트폰을 할 때 흥미진진하고 생생하다.

● 스마트폰을 하지 않는 시간을 심심해하고 지루해한다.

● 정해진 시간에만 사용하기로 한 약속을 잘 지키지 못한다.

부모님의 행동을 확인해 보세요

1) 멈추어야 할 양육행동

"자~ 동영상 보면서 양치하자!" (해야 할 것을 하기 위해 스마트폰으로 유도하는 것)

양치할 때, 밥 먹을 때, 카시트에 탈 때 등 아이가 하기 싫은 행동을 시키기 위해 스마트폰을 권하고 있다면 멈추어야 한다. 아이가 일상생활에서 배워야 할 생활 규칙들은 부모가 하는 행동들을 보고 따라 하며 배우도록 하고, 하기 싫은 생활습관들도 부모의 격려와 도움으로 할 수 있도록 해 주는 것이 필요하다.

아이가 생활습관을 배워 나가는 데 있어 어려움이 있다면 상황에 맞는 놀이나 노래(양치를 할 때는 양치 노래, 밥을 먹일 때는 음식 재료에 대한 이야기 등)로 아이의 관심을 유도하는 것도 하나의 방법이 될 수 있다.

"너희끼리 저기 가서 보고 싶은 것 보고 있어." (부모가 편리하게 외식, 모임, 집안일 등을 위해 아이에게 스마트폰을 조작하도록 하는 경우)

부모의 편의를 위해 어린 연령의 아이들에게 스마트폰을 직접 조작하게 하고 아이들이 아무거나 눌러 시청하는 프로그램을 선택하고 있다면 멈추어야 한다. 스마트폰은 많은 정보를 주고 접근성이 유용한 만큼 아이들에게 유해한 장면들이 쉽게 노출될 수 있기 때문에 반드시 부모가 동의한 범위 내에서 아이들이 시청하도록 한다.

"자, 이거로 한글공부, 숫자공부 하자." (아이의 학습을 목표로 과도하게 스마트폰을 사용하는 경우)

최근 학습 애플리케이션들이 많이 개발되고 있다. 이를 통해 부모들은 숫자, 한글, 영어 등을 교육하기에 편리해졌다. 하지만 과도하게 스마트폰에 의존한 교육이 이루어지고 있다면 멈추어야 한다. 빠른 답을 주고 빠르게 답을 요구하는 스마트폰의 교육은 아이가 직접 탐구하고 생각하는 시간을 단축시킬 수 있으며 아이의 충동성을 높일 수 있다. 궁금한 것은 아이가 직접 책을 찾아 알아 가고, 생각하고 느낌을 나누어야 한다. 이럴 때 서로 상호작용을 통한 교육이 이루어질 수 있다.

2) 효과적인 양육행동

"자! 정훈아 몇 개를 보면 '엄마 다 봤어요.' 하고 줄 수 있겠니?"
(스마트폰 사용 전에 아이와 함께 약속시간 혹은 동영상 개수를 정하는 것)

아이가 스마트폰에 노출되지 않도록 하는 것이 좋지만, 스마트폰에 지나치게 길들여진 아이라면 아이와 직접 상의해 가며 스마트폰 사용시간을 줄이도록 해야 한다. 강압적으로 보지 못하게 하기보다는 아이 스스로 줄여 나갈 수 있도록 하며, 약속을 지키려고 노력하는 과정을 격려해 주는 것이 좋다.

"이건 엄마 아빠가 전화할 때만 사용하는 거야." (부모가 먼저 스마트폰의 이용시간을 줄이고 전화 용도로만 사용)

자녀의 나이가 어릴수록 되도록 스마트폰을 보이지 않는 곳에 두는 것이 좋다. 아이가 잘 놀다가도 스마트폰을 보면 이전의 기억으로 자극이 되어 보여 달라고 할 수 있기 때문이다.

아이에게 하지 말라고 하면서 부모들은 스마트폰을 많이 사용하는 경우가 종종 있다. 부모들은 아이들에게 스마트폰의 용도를 분명히 알려 주고, 부모부터 여가활동을 스마트폰으로 대신하지 않도록 해야 한다. 아이들과 함께 스마트폰 쉬는 날을 정해 달력에 동그라미를 그리고, 아이들뿐 아니라 부모들도 약속한 날에는 스마트폰 사용을 자제하는 '스마트폰 쉬는 날'을 정해도 좋다.

5분 양육
tip

스마트폰 대신 할 수 있는 놀이 정하기

활동순서

❶ 스마트폰 크기의 종이를 준비한다.

❷ 아이와 스마트폰 대신 할 수 있는 활동을
정한다.

❸ 아이가 스마트폰을 요구할 때마다 그 활
동으로 전환한다.

알아두기

스마트폰 대신 할 수 있는 놀이를 적어서 실
천하려고 하는 부모의 노력은 아이의 스마트폰
사용을 줄일 수 있을 뿐 아니라 부모의 스마트
폰 사용을 줄이는 것에도 효과적이다. 스마트
폰에 붙어 있는 종이를 볼 때마다 무의식적으
로 사용하던 스마트폰을 내려놓게 해 주기 때
문이다.

3. 입만 열면 피노키오 - 거짓말

"뭐? 학원 다녀왔다고? 너 어디서 거짓말이야?" 초등학교 3학년 민석이 엄마는 태연하게 학원 다녀왔다고 거짓말하는 아들의 모습에 화가 잔뜩 났다. "아니, 그게 아니고……. 경호가 배 아프다 그래서 집에 데려다 주느라고." 친구를 집에 데려다 주느라 학원을 빠졌다는 민석이의 말을 믿을 수가 없다. "너, 엄마가 경호네 지금 전화해 봐? 너 진짜 계속 거짓말할래?" 엄마는 급기야 소리를 질렀다. 민석이의 거짓말은 날이 갈수록 늘어난다. 늘상 하는 뻔한 거짓말은 숙제와 관련된 것이다. 숙제했다고 대답하고 검사한다고 하면 동생이 놀아 달라고 졸라서 못했다는 둥, 머리가 아팠다는 둥 이런저런 핑계들을 늘어놓는다. 핸드폰 게임도 몰래하고 들키면 엄마가 잘못 본 거라고 오히려 화를 낸다. 엄마는 기가 찬다.

민석이 엄마는 아들만 둘인데 동생은 아직 어려 손이 많이 간다. 민석이 아빠는 도통 아이들과 놀아 줄 줄도 모르고 바빠서 마주치는 시간도 별로 없다. 어쩌다 주말에 함께 시간을 보낼라치면 자느라, TV 보느라, 핸드폰 하느라 주말에도 아이들 돌보는 건 모두 엄마 몫이다. 그래서 민석이가 자기 할 일을 잘 해 주기를 바라는 마음에 기대도 많이 했고 잘 못하면 화도 자주 내었던 것 같다. 처음 숙제했다고 거짓말했을 때 또다시 거짓말할 것 같아 초장에 잡자는 마음에 손바닥까지 때려 가며 크게 혼냈었다. 하지만 그다음부터 오히려 혼날까 봐 눈치 보며 슬슬 거짓말하는 것이 더 늘어 갔다. '거짓말하는 것은 나쁜 거다, 나중에 못된 어른이 된다, 정직한 사람이 되어야 한다'라고 설명하며 달래도 보았는데 그때뿐이고 다시 또 거짓말이 반복되었다. 결국 매를 들고 소리를 지르고 민석이는 엉엉 울고 끝이 난다. 바늘 도둑이 소도둑 된다고, 거짓말이 늘어 가는 민석이를 보면서 나중에 커서 어떡하나 심란하다.

현장 전문가에게 물어보세요

Q 01 | 도대체 무엇 때문에 거짓말을 할까요?

아이들이 거짓말을 하는 이유는 크게 네 가지로 나누어 볼 수 있다. 첫째, 상상 혹은 꿈속의 이야기를 진짜인 듯 말하는 거짓말이다. 이는 언어가 발달하는 3~4세경에 흔히 시작하는데, 상상 혹은 꿈에서 일어난 일이 사실이라고 믿기 때문이다. 둘째, 아이들은 욕구를 충족시키기 위해 순간적으로 거짓말을 한다. "아이스크림은 하루에 한 개만 먹을 수 있어. 오늘 먹었니?" 하고 물으면, 아침에 한 개를 먹었어도 "아니요. 안 먹었어요." 하며 아이스크림을 더 먹기 위해 거짓말을 할 수 있다. 셋째, 거짓으로라도 자신감을 고양시키기 위해서다. 다른 사람에게 지고 싶지 않을 때, 자랑하고 싶을 때, "나도 어제 달리기 1등 했어." "우리 집에도 이 로봇 있어." 하며 순간적으로 거짓말을 한다. 마지막으로 거짓말을 하는 가장 큰 이유는 상황을 모면하기 위해서다. 나쁜 아이가 되고 싶지 않은 마음, 부모님을 실망시키고 싶지 않은 마음, 혼나고 싶지 않은 마음에 거짓말을 한다. 핸드폰 게임을 하다가 들켰을 때, 혼날까 봐서 순간 "안 했다."라고 말하는 것이 흔한 예이다.

대부분 부모는 아이가 거짓말을 시작하면 '어떻게 내 아이가 거짓말을!' '착하던 애가 왜 저럴까, 친구를 잘못 만났나?' 등 걱정이 앞선다. 거짓말이 반복되거나 더 큰 거짓말이 드러나게 되면 '바늘 도둑이 소도둑 된다는데……' '이러다 사기꾼처럼 되면 어쩌나……' 하는 막연한 불안감과 두려움이 생길 수 있다. 그러나 거짓말의 출현은 인간발달에 있어 반드시 거치는 단계이며 만 두 돌 이후에 시작해서 6세가 되면 약 95%의 아이들이 거짓말을 한다. 뿐만 아니라, 거짓말을 통해 아이들의 기억능력, 공감능력, 언어능력이 잘 발달되고 있음을 확인할 수 있다고 한다. 아이들은 내가 어떤 행동을 했는지 기억하고 어떤 행동을 엄마가 싫어하는지 공감하며 말을 바꾸어 할 수 있는 언어능력이 있기 때문에 거짓말이 가능하다는 것이다. 물론, 거짓말을 잘한 일이라고 할 수는 없다. 하지만 이러한 연구를 통해 아이들의 거짓말은 잘못된 도덕심과 비행, 일탈이 되는 전조 증상이 아닌 정상적인 행동발달 중 하나라는 것을 우리는 알 수 있다. 오히려 아이들이 거짓말을 할 수밖에 없는 상황으로 몰고 가는 환경, 거짓말쟁이라고 낙인찍는 부모가 진짜 나쁜 아이를 만들 수 있다.

아이들의 거짓말을 알아챘다면, 과잉반응을 하지 않고 거짓말을 한 그 마음을 들여다보는 것이 필요하다. 거짓말을 해야 하는 상황을 종료시켜 주는 것만으로도 거짓말은 사라질 것이다. 단, 아이의 거짓말이 자기와 타인, 사회적으로 피해를 주는 문제가 되는 수준으로 의도적이거나 빈도수와 강도가 커지고 있다면 품행장애*로 발전할 수 있기 때문에 반드시 전문가와 상담하는 것이 좋다.

*품행장애: 반사회적, 공격적, 도전적 행위를 반복적이고 지속적으로 행하여 사회 · 학업 · 작업 기능에 중대한 지장을 초래하는 장애

 03 | 처음 거짓말을 했을 때, 어떻게 대처해야 하나요?

거짓말을 시작한 연령과 거짓말의 이유가 중요하다.

첫째, 현실과 가상을 구분하지 못하는 6세 이전의 경우, 꿈에서 본 것, 상상한 것, 머릿속에 떠오르는 일들을 마치 사실처럼 말하는 모습을 종종 볼 수 있다. 간혹 이를 거짓말이라고 말하는데 그것은 잘못된 것이다. 이 시기 아이들은 단지 현실과 상상의 세계를 정확히 구분하지 못하기 때문이다. 이때에는 그냥 두어도 무방한데, 너무 자주 가상의 말을 현실처럼 할 때에는 아이가 말하고 느끼는 것을 있는 그대로 알려 주기만 하면 된다. [예: 아동; "나 어제 미국에 다녀왔어!"→ 부모; "아, 꿈(상상, 책, 생각, 만화)에서 미국에 다녀왔구나."]

둘째, 엄마에게 혼날까 봐 두려워서 혹은 창피당할까 봐 걱정돼서 한 거짓말은 아이의 마음을 읽어 주는 것이 좋다. 물론, 상황을 모면하려는 거짓말은 옳지 않다고 설명해 줄 필요는 있다.

셋째, 누군가에게 자랑하기 위해서 혹은 하고 싶은 것을 참지

못하고 하는 거짓말의 경우 역시 아이가 나쁜 것은 아니다. 10세 이하의 경우에 아이들은 성인처럼 조절할 수 있는 마음의 힘이 부족하다. 그래서 강아지를 키우는 친구에게 나도 키운다고 거짓으로 말하기도 하고, 계주에 뽑힌 친구가 부러워서 못하는 달리기를 잘한다고 너스레를 떨 수도 있다. 이 역시 아이들의 진짜 마음을 알아 주고 대화를 나누는 것이 중요하다. 그리고 아이들이 진짜 '나'의 모습을 말하는 진실이 세상을 살아가는 데 가치 있고 중요하다는 것을 알려 주어야 한다. 아이의 눈높이에서 부모의 바른 행동으로 말이다.

아이의 행동을 확인해 보세요

● 자신도 모르게 상황을 모면하기 위해 거짓말로 둘러댄다.

● 단순한 욕구충족을 위해(핸드폰 게임이나 먹고 싶은 음식 등) 거짓말을 한다.

● 초등학교 저학년 정도 연령의 아이가 최근 들어 들킬 만한 거짓말을 자주 한다.

● 친구나 부모에게 자랑하기 위해서 허풍스럽고 과장스러운 거짓말을 한다. (예: "우리 집에도 엄청 큰 크리스마스 트리가 있어(사실은 작은 트리가 있는데)!" "나도 달리기 엄청 잘해. 1등 했어." 등)

● 늘 거짓말로 상황을 모면하려고 한다.

● 거짓말을 감추기 위해 또 다른 거짓말을 하고 문제가 되어서야 거짓말임을 시인한다.

● 자신과 타인을 위해할 수 있고 사회적으로 문제를 일으키는 행동을 한 후에 이를 감추기 위해 거짓말한다. (예: 학원에 미리 전화해서 집 핑계를 대고 무단결석하는 일 등)

● 무언가를 얻기 위해(돈, 값나가는 물건 등) 의도적으로 계획하여 거짓말을 한다.

● 자신이 말하고 있는 것이 거짓말인지도 모른다.

부모의 행동을 확인해 보세요

1) 멈추어야 할 양육행동

"학원 다녀왔어? 숙제했니?" (이미 알고 있으면서도 아동을 시험하는 행동)

　이미 부모가 모든 것을 알고 있으면서 마치 모르는 척 아이에게 묻는 것은 무엇 때문일까. 아이가 정직하게 대답하기를, 그래서 부모를 다시 속이지 않기를 바라기 때문일 것이다. 그러나 정직하게 말하면 분명 혼나거나 비난받을 것이라고 생각하는 아이는 솔직하게 대답하기는 어려울 것이다. 거짓말을 알면서도 묻는 부모의 태도에 아이는 더 철저히 숨길 방책들을 세울지도 모른다.

"거짓말했는지 안 했는지 조사하면 다 나와!" (거짓말을 찾기 위해 아이의 사생활을 캐내고 조사하는 행동)

아이의 거짓말로 부모들은 또다시 부모를 속일까 의심을 지울 수가 없다. 그래서 아이의 일기장, 휴대폰 대화 내용 보기, 학교, 학원, 심지어 친구에게 전화해 시시콜콜 아이의 행적을 확인하는 행동을 한다. 이러한 부모의 행동은 아이로 하여금 부모가 믿음을 가질 수 없다는 확신을 주게 되어 잘하려는 마음을 좌절시킬 뿐만 아니라 수치심마저 들게 한다. 정말 아이가 진실을 말하길 원한다면, 부모부터 진실로 아이를 대해야 한다.

"또 거짓말이야. 거짓말하는 건 악마 같은 짓이야! 다음에 거짓말하면 백 대 맞을 거야!" (아이의 존재를 비난하고 지나친 처벌이 있을 것이라는 협박)

의도적으로 꾸민 거짓말이 아니라, 그저 순간을 모면하기 위해서 혹은 욕구를 참지 못하고 내뱉어진 '말'에 대해 과잉분노를 보이지 않는지 확인해 보자. 아이들의 거짓말은 대부분 인성을 해치고 인생을 무너트릴 거짓말이 아니다. 그런데 부모는 마치 거짓말한 아이는 인생을 망칠 것이라고 불안해한다. 그래서 '나쁜 행동을 하면 벌을 받는다' 정도가 아닌 아예 회복할 수 없는 무서운 강도의 처벌로 협박하는 것이다. 그러나 근본적인 문제에 대한 이해와 해결이 없는 처벌과 공포스러움은 더 몰래, 더 용의주도하게 거짓말을 하도록 아이를 내몰 수 있다.

"너 이렇게 거짓말하고 학원 빠질 거면 그냥 다니지 마!" (아동이 거짓말을 했을 때 원하는 것이 이루어지게 되는 경우)

아이의 거짓말이 결국 아이가 원하는 결과를 낳는다면, 아이의 거짓말은 강화된다. 학원을 거짓말하고 빠지는 것보다 그만 다니게 하는 것도 방법이 될 수 있다. 하지만 부모가 아이의 이야기도 들어 보지 않고 결정하기 보다 아이와 충분히 상의해 보는 것이 중요하다. 특히, 같은 거짓말이 반복될 경우 더욱 그러하다.

2) 효과적인 양육행동

"사실대로 말해 줘서 고마워." (진실을 말했을 때, 이를 북돋아 주는 태도)

거짓말하던 아이가 사실대로 고백했다면, 거짓말을 지적하기 전에 용기 내어 말한 것을 격려하고 칭찬해 주자. 솔직하게 "숙제 안했어요."라고 말했는데, 바로 숙제하지 않았다고 혼이 나면 거짓말을 하지 않아야 할 이유를 잃게 될 테니 말이다. 이럴 때는 "솔직하게 말해 줘서 고마워. 이제 어떻게 해야 할까?" 하며 옳은 행동으로 유지될 수 있도록 방향을 함께 찾아가 보는 것이 좋다.

"학원에 가지 않았다고 연락 받았어. 무엇 때문인지 엄마(아빠)와 함께 얘기해 보자." (아동이 거짓말하도록 시험하지 않고 그대로 말하기)

아이가 잘못한 행동을 이미 알고 있다면, 묻지 말고 있는 그대로 말하는 게 좋다. 아이가 거짓말할 상황 자체를 만들지 않음으로써 거짓말에 대한 죄책감과 갈등으로부터 아이를 미리 구출할 수 있기 때문이다. 야구의 직구처럼 부모가 훅 하고 바르게 말하면, 아이는 거짓말을 날려 버리는 홈런을 치게 될 것이다.

"순간적으로 잘못 튀어나온 말이지? 사실은 어떤 말을 해야 하는지 이야기해 보자." (상황 모면 혹은 순간의 욕구로 인해 한 거짓말을 이해해 주고 스스로 수정할 수 있도록 돕기)

아이가 자기도 모르게 하는 거짓말이 실수인 것을 인정해 주는 것만큼 아이에게 이해받고 있다는 느낌을 줄 수 있는 방법이 있을까. 쉬운 예로 드라마를 보자. 악역은 우연히 조금 나쁜 행동을 하게 되는데, 이 행동이 결국은 이해받지 못함으로 인해 걷잡을 수 없게 된다. 우리의 사랑스러운 아이의 잠시 잠깐의 실수가 아이를 악역으로 치닫게 하지 않는 데 부모의 '이해'가 가장 큰 무기가 될 것이다.

"진실을 말하는 건 아주 용기 있는 일이야. 혼날 일, 창피한 일을 해 놓고 너가 책임지는 방법을 배우는 일이니까. 힘들어도 용기 내어 줄 수 있겠니?" (거짓이 아닌 진실을 말하는 것이 중요하고 긍정적이라는 사실을 알려 주기)

거짓말을 이해하지만 진실이 더욱 삶을 살아가는 데 아이를 빛나게 해 준다는 사실을 알려 주는 것은 부모의 역할이다. 그리고 아이가 자신의 잘못된 행동을 인지하고 스스로 올바르게 이끌어 나갈 것이라고 믿어 줄 사람은 부모뿐이다. 아이를 믿고 진실에 다가갈 수 있게 도와준다면, 빈번한 거짓말을 하는 아이도 분명 마음을 열 것이다.

피노키오 코 만들기

활동순서

❶ 다음 장의 피노키오 코 그림에 아동이 한 거짓말을 적는다.

❷ 거짓말이 주는 이익과 불이익을 함께 이야기 나눈다.

(비난과 평가는 하지 않는다.)

❸ 아이의 생각을 정리하여 이익과 불이익 칸에 써넣는다.

❹ 거짓말을 할 때와 하지 않을 때 아이가 느끼는 감정을 이야기 나누고 공감한다.

알아두기

부모는 생활 속에서 하는 아이의 거짓말에 대해 이야기 나누고 글로 정리하면서 아이의 속마음을 알아볼 수 있다. 아이는 거짓말을 하는 이유를 스스로 인식하고 이를 부모에게 표현할 수 있는 기회를 가진다.

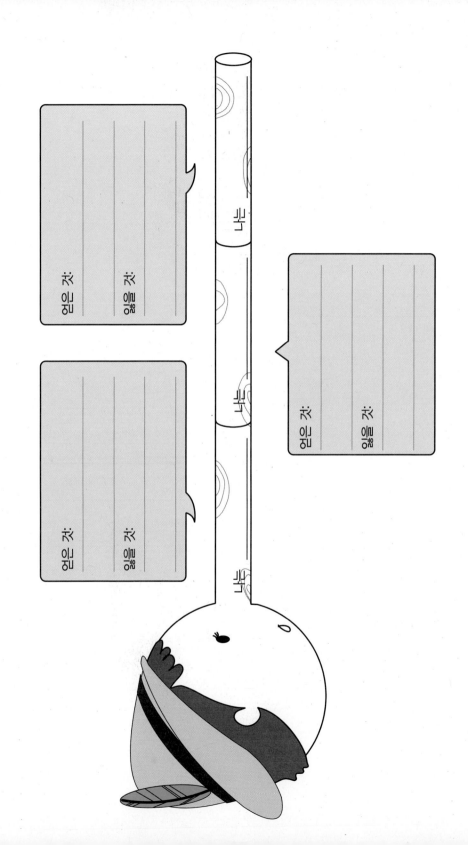

02

또래관계에
어려움을 보이는 아이

4. 사람 앞에 서면 홍당무 - 낯가림

사례 2학년 지연이는 오늘도 잘못한 것 없이 혼이 났다. 아무 말도 못 하고 집에 돌아온 지연이는 엄마를 보자마자 눈물이 왈칵 쏟아진다. 울먹거리며 상황을 이야기하는 지연이를 보며 엄마의 목소리가 커진다. "지연아. 왜 그랬어. 선생님한테 네가 그런 것이 아니라고 말 한 마디 못하고 오면 어떻게 해!" 엄마는 혼나는 동안 자기 입장에 대해 말 한 마디 못한 지연이에게 더 화가 나고 답답하다.

길을 가다가 같은 반 친구를 만나게 되면 반갑게 인사라도 해 주면 좋을 텐데 엄마 뒤로 숨기 바쁘고, 동생이 버릇없이 굴거나 자기 물건을 뺏어 가도 말 한 마디 못하고 혼자 구석에서 훌쩍거리고 있는 일들이 종종 있다. 이럴 때마다 엄마는 결국 참지 못하고 아이를 다그치거나 화를 내게 된다.

지연이는 딸 셋 중 제일 수월한 아이였다. 태어날 때부터 울음이 적고 잠투정이나 심하게 떼 부리는 일도 거의 없었다. 모든 행동에 조심스러운 아이여서 언니나 여동생보다 사고치는 일도 적고 손도 덜 갔다. 어린이집을 다니기 시작하면서 가끔 친구에게 물건을 빼앗겨도 다시 찾아오지 못하는 일이 있었지만, 점점 나아지겠지 하고 큰 걱정을 하지는 않았다. 하지만 지연이는 나아지지 않았다. 학교 담임선생님은 지연이가 발표할 때 목소리도 작고 친구들과도 대화할 때 자기 주장을 하지 못하는 정도가 심해 앞으로도 걱정이 된다고 하였다.

엄마는 지연이에게 크고 정확하게 이야기하기를 매일같이 연습시켜 보지만, 지연이는 오히려 눈물도 많아지고 수줍음도 더 커지는 것 같다. 처음에는 부끄러워서 그러다가 말겠지 했는데 오히려 이렇게 억울하게 혼나고 오는 날이면 엄마는 고민이 된다. 그리고 엄마 자신의 어릴 적 모습을 보는 것 같아 더 화가 난다. 다른 아이들처럼 태권도 학원이나 웅변 학원을 보내야 하나, 아니면 심리상담을 받아야 하나……. 엄마는 여러 가지 생각이 든다.

현장 전문가에게 물어보세요

Q 01 │ 수줍음은 왜 생기는 것인가요?

앞에서 본 지연이와 같이 태어날 때부터 기질적으로 조용하고 낯가림과 수줍음이 있는 아이는 10명 중 2명 정도이며, 부모 중에 내성적인 기질이 있을 확률이 높다. 이러한 기질의 아이들은 조심스럽게 세상을 탐색하며 배워 가고 적응해 나아간다. 또한 이 아이들만의 세상을 알아가는 속도가 있다.

선천적으로 말수가 적고 천천히 결정하는 이러한 기질의 아이들은 발표력과 리더십이 중요시되는 세상에서 다소 부족하게 평가되어지는 듯 하지만, 깊이 있게 생각하거나 탐구하는 것을 좋아하는 등 외향적인 성향을 가진 아이들이 가지지 못한 장점이 있다. 자녀의 기질이 수줍음이 많고 낯가림이 있다면 다른 아이들과 비교하여 내 아이를 평가하기 보다는 내 아이만의 기질, 생각의 속도와 결정, 표현을 존중하고 인정해 주는 양육태도가 필요하다.

이와 다르게 태어났을 때는 활발하고 사람을 좋아했으나 아이가 자라며 경험한 특별한 사건이나 어떤 양육과 교육을 받는지에 따라 낯가림과 수줍음이 커지는 경우도 있다. 지나치게 아이의 생각과 감정을 억압하고 과한 훈육을 받은 아이들은 자신감이 없어지고 낯가림과 수줍음이 점점 커질 수 있다. 내 아이가 지나치게 부끄럼이 많고 자기 할 말을 못하고 있다면 그 원인이 기질적인 것인지 후천적 양육 환경 때문인지 탐색해 보아야 한다.

Q **02 |** 수줍음이 많은 아이들은 왜 점점 낯가림과 수줍음이 커질까요?

엄마는 다른 아이들에 비해 목소리가 작은 지연이에게 크게 이야기하게 하거나, 인사를 하지 않을 때는 엄마가 대신 인사를 해 주는 행동을 많이 했다. 아이만의 작은 표현을 알아채 주기보다는 교정해 주고 싶어 했고 잘되지 않을 때에는 아이에게 핀잔을 주거나 다그치기도 했다. 이러한 부모의 행동은 아이가 더욱 움츠러들고 마음을 표현할 수 없게 만든다. 다른 아이들과 비교하여 내 아이를 평가하기보다는 내 아이만의 기질, 생각의 속도와 결정, 표현을 존중하고 인정해 주는 것이 필요하다.

Q **03 |** 이러한 아이의 속마음은 무엇일까요?

'저는 낯선 환경에 대해 조심하는 것뿐이에요.' 이런 성향의 아이는 준비가 되면 언제든 이야기하고 자신이 원하는 것에 도전할 수 있다. 다만 다른 아이들보다 준비하는 시간이 더 필요하고 조금 더 자세히 탐색할 뿐이다.

아이가 준비되기 이전에 미리 요구하거나, 억지로 수행하는 것을 반복하게 되면 아이는 더 표현하기 힘들어지고 더 주저하는 아이가 된다. 핀잔을 듣거나 혼나게 되면 도망가고 싶고 머릿속에 아무것도 생각이 나지 않아 더욱 표현하기 힘들어진다. 그리고 다음에 비슷한 상황에 처하게 되면 이전보다 더 긴장하고 더 회피하고 싶어 한다.

Q 04 | 수줍음이 많은 아이들은 어떻게 키워야 할까요?

기질적으로 얌전하고 수줍음이 많은 아이들은 부모와 긍정적이든 부정적이든 상호작용의 기회가 적을 수 있다. 실제 지연이 엄마는 지연이가 어떤 것을 점점 잘하게 되었는지, 어떤 과목을 힘들어하는지, 어떤 스타일의 친구에게 상처를 자주 받는지 알지 못하였다. 그만큼 소통이 적었고, 훈육할 일이 적었기에 지연이의 변화에 따라 민감하게 칭찬과 인정을 해 줄 기회도 적었다. 오히려 아동이 쉽게 훌쩍거리고 혼자만의 시간을 보내며 표현하지 않는 것을 답답하게 여기며 호통을 치는 날이 많았다.

이러한 기질의 아이를 둔 부모는 사람들 앞에서 말을 잘하지 못하는 아이의 행동이 엄마를 부끄럽게 하는 것이 아니며 엄마는 기다려 줄 수 있다는 것을 아이에게 알려줘야 한다. "누구나 처음에는 두려울 수 있어. 우리 지연이가 준비된다면 언제든 시도할 수 있단다." 한편, 낯선 곳에 가기 전에 미리 설명해 주고 아이가 마음의 준비하는 시간을 주는 것도 필요하다.

또한, 부모의 기대수준이 높고 엄격한 경우, 아이가 선뜻 원하는 것을 하지 못하고 주저하게 된다. 어느 순간 내 아이가 수줍음이 많아졌다면 아이의 수준보다 과하게 요구하거나 아이의 실패에 수용적이지 않고 강압적으로 양육하고 있지는 않은지 점검하여 보자.

아이의 행동을 확인해 보세요

1) 이 정도면 부모의 관심이 필요해요.

● 지나가다가 만난 친구가 반가운 듯하지만 선뜻 인사하지 못한다.

● 혼자 문구점이나 슈퍼에서 물건 사는 것이 어려울 때도 있다.

● 발표할 때 목소리가 작다.

● 형제 간에 다투다가 결국 물건을 빼앗기고 운다.

● 무언가를 결정하는 것에 약간의 시간이 필요하다.

2) 이 정도면 전문가와 상의가 필요해요.

- 친구나 형제가 장난감을 빼앗을 때마다 '싫어'라고 말해 보지도 못하고 바로 준다.
- 특정 상황에서 말을 전혀 하지 않는다.
- 적절하게 자신을 표현하지 못해 지속적으로 친구들에게 폭력을 당한다.

부모님의 행동을 확인해 보세요

1) 멈추어야 할 양육행동

"우리 아이는 부끄러워서 그래요." (아이를 대신하여 엄마가 대답하는 것)

수줍음이 많은 아이를 둔 부모들의 경우 다른 사람들이 물어 보는 말에 엄마가 대신 답하거나 인사해 주는 경우를 쉽게 볼 수 있다. 이렇게 엄마가 붙여 준 '부끄러운 아이, 수줍은 아이'라는 별명은 나중에 아이가 준비가 되었을 때에도 말하지 못하게 하는 걸림돌이 될 수 있다.

"결정하는 데 왜 이렇게 오래 걸려! 빨리해 빨리." (아이에게 서둘러 결정을 요구하는 것)

사람마다 무언가를 결정하고 표현하는 데까지의 소요되는 시간은 모두 다르다. 아이들도 그렇다. 결정에 대한 재촉은 아이의 생각하는 시간을 더 길어지게 만들고 더욱 결정하지 못하는 아이로 자라게 한다. 아이를 재촉하는 대신 아이가 고민하고 있는 것을 물어보고 아이의 생각을 공유하도록 하자.

"더 크게 이야기해! 똑바로 이야기해!" (수줍음이 많은 아이를 다그치거나 핀잔 주는 것)

엄마의 답답한 마음에 아이에게 핀잔을 주거나 다그치게 되면 수줍고 낯가림이 있는 것이 잘못된 것이라고 인식하게 된다. 내성적인 성격에서 비롯된 수줍음은 잘못된 것, 부끄러운 것이 아니라 '그럴 수 있는' 내 아이만의 감정임을 인정해 주어야 한다.

수줍음이 많은 아이에게 발표력 증진과 리더십을 위한 학원 등을 보내고 있고 무리한 것을 요구하는 것 (아이의 기질에 맞지 않는 학원 보내기)

아이의 타고난 성격과 기질과 반대되는 학원은 아이에게 또 다른 스트레스의 길로 안내하는 것이다. 실제 아이와 맞지 않는 학원을 무리하게 다녀서 비롯된 스트레스로 마음의 어려움을 겪고 있는 아이들이 상담실에 찾아오곤 한다. 타고난 성격은 학원을 다니거나 배우는 것으로 바뀔 수 있는 것이 아니다.

"우리 아이의 이런 모습도 참 예쁘지요." (아이의 수줍고 어색한 마음을 알아 주고 편들어 주기, 알려 주기)

아이 대신 인사해 주는 것보다는 아이의 수줍은 행동에 대해 다음과 같이 이야기해 주도록 하자. "아직 인사할 준비가 안 되어 있구나(아직 네가 원하는 것을 이야기할 준비가 안되어 있구나). 네가 인사를 하지 않는다고 엄마가 널 싫어하는 것은 아니야. 하지만 어른들을 만나면 인사를 해야 하는 것이고, 네가 준비가 된다면 얼마든지 인사할 수 있단다." 주변 어른들이 인사를 하지 않고 엄마 뒤로 숨는 아이를 이상하게 여긴다면 "우리 아이의 이런 모습도 참 예쁘지요."라며 아이의 편을 들어 주는 것도 좋은 방법이 될 수 있다.

"괜찮아, 엄마가 같이 해 줄게. 네가 준비되면 얼마든지 혼자 할 수 있어." (적극적으로 지지해 주기)

아이가 하고 싶지만 용기 내지 못하는 활동에 부모가 함께 참여한다. 아이가 자신이 하고 싶은 활동을 결정하고 표현한 것에 대해 부모는 반가워하며 할 수 있는 방법을 찾아야 한다. 혹시 아이가 혼자 해내기를 두려워한다면, 무조건 결정대로 시키기보다는 같이 동행해 주거나 같은 활동을 부모가 함께해 보는 것도 좋다. 단, 아이가 원하는 영역까지 함께해 주어야 한다.

"말로 하는 것이 어렵다면 편지로 이야기해 보자." (아이에게 적절한 표현 방법 알려주기)

아이가 오해를 받아 억울해하고 있다면 말로하지 않더라고 표현할 수 있는 방법들을 공유해 보도록 하자. 아이가 자신의 감정을 들여다보고 속상한 이유를 생각해 볼 수 있도록 해 주며, 다양한 방법(편지, 그림, 일기 등)으로 표현하도록 돕도록 하자.

~라면 게임(내가 ~를 만난다면, 나에게 ~일이 생긴다면 등)

활동순서

❶ 내일 있을 일들에 대해 이야기해 본다(혹은 다른 걱정되는 상황).

❷ 등장인물들을 적어 본다. 이름도 좋고 별명도 좋다.

❸ 그 상황에 아이가 어떻게 이야기하고 행동할지 미리 이야기해 본다.

❹ 아이가 생각해 내지 못하거나 힘들어하는 상황이 있다면 다른 큰 종이에
  적어 두고 가족들의 아이디어와 응원의 글을 적어 준다.

알아두기

   부모는 아이와의 활동을 통해 내 아이가 외부활동에서 어려워하는 상황
을 이해할 수 있게 된다. 미리 예상되는 상황 속에서의 아이의 감정을 공감
해 주고 지지해 줌으로써 아이는 그 상황에서 어떻게 할지 미리 자신감을
가질 수 있게 된다.

상황1) 친구가 갑자기 내 허락도 없이 물건을 가져간다면…….	등장인물:
	나 ○○은/는 _____ 게 할 것이다.
	부모님이라면 _____ 게 할 것이다.

상황2) 늘 까불거리는 아이가 나를 때리고 도망간다면…….	등장인물:
	나 ○○은/는 _____ 게 할 것이다.
	부모님이라면 _____ 게 할 것이다.

상황3) 학교 급식에서 내가 좋아하는 반찬을 조금 더 먹고 싶다면…….	등장인물:
	나 ○○은/는 _____ 게 할 것이다.
	부모님이라면 _____ 게 할 것이다.

상황4) 학원에서 내가 잘못한 것이 아닌데 혼나고 있다면…….	등장인물:
	나 ○○은/는 _____ 게 할 것이다.
	부모님이라면 _____ 게 할 것이다.

상황5)	등장인물:
	나 ○○은/는 _____ 게 할 것이다.
	부모님이라면 _____ 게 할 것이다.

상황6)	등장인물:
	나 ○○은/는 _____ 게 할 것이다.
	부모님이라면 _____ 게 할 것이다.

5. 나는야 삐짐이 – 소심함

사례

혜진이와 나현이는 같은 반 친구다. 혜진이는 요즘 기분이 좋지 않다. 1학년 때부터 학원과 놀이터에 항상 같이 다니던 나현이가 2학년이 되더니 다른 친구들과도 어울리기 때문이다. "혜진아, 이거 나 한 번 봐도 되지?" 혜진이의 기분을 알 수 없는 나현이가 혜진이의 필통을 구경하려고 하자 혜진이는 날카롭게 필통을 뺏으며 "싫어, 내 거야."라고 이야기한다. 결국 나현이는 다른 친구 곁으로 간다. 혜진이는 필통을 붙잡고 혼자 울먹거리다가 앞에 있는 다른 친구에게 나현이의 험담을 해 본다. 그것도 잠시, 혜진이는 기분이 계속 좋지 않다.

직장에서 돌아와 혜진이의 얼굴이 어두운 것을 보자 엄마의 기분도 안 좋아진다. "해 달라는 것 다해 주는데 도대체 뭐가 불만인 거야!" 직장을 다니며 미안한 마음에 누구보다 좋은 것으로 부족한 것 없이 잘해 주는데 이럴 때면 엄마의 마음은 허탈해지고 짜증이 난다.

다음 날 아침, 혜진이는 친구들이 놀아 주지 않고 나만 혼자라고 하며 울먹거린다. 혜진이 엄마는 직장에서 짬을 내 담임선생님께 전화상담을 요청했다. 마침 선생님도 통화를 할까 했었다고 한다. 예쁘고 깔끔한 이미지의 혜진이는 학기 초에 선생님의 눈에 들어오는 아이였다고 한다. 똑소리 나게 자기가 할 일을 잘하던 혜진이가 1학년 여름방학 이후부터 염려가 되었다고 한다. 친구들과 놀다가 자주 삐지고 친구가 물건을 잠시 만지거나 책상에 짝꿍의 물건이 넘어오기만 해도 친구를 노려보며 차갑게 군다는 것이다. 엄마는 학교 선생님에게 들은 혜진이의 행동과 아침에 친구들이 놀아 주지 않는다며 울던 모습에 혼란스럽다. 점점 아이의 마음이 궁금하기도 하고 어떻게 해 줘야 할지 고민이 커진다.

현장 전문가에게 물어보세요

 01 | 잘 삐지는 아이들은 왜 그런 건가요?

아이들이 성장하는 과정에는 표현이 서툴고 잘 삐지는 시기가 있다. 서운하고, 화나고, 무언가를 갖고 싶고 하고 싶은 마음들을 울음이나 떼 부리기, 삐지는 것으로 표현하곤 한다. 특히 3~5세의 아이들은 자신에게 주의 끌기, 원하는 것을 얻어 내기의 방법으로 삐지는 것을 사용하기도 하고 때론 부모의 반응(삐질 때 더 잘 들어주거나 심하게 혼내는 것)에 따라 더 심하게 삐지는 것을 전략으로 삼기도 한다.

이러한 방법이 만 5세가 넘어서도 반복이 되다 보면 또래 안에서도 자신이 원하는 대로 되지 않을 때 자기중심적으로 사고하고 잘 토라지는 아이가 될 수 있다. 처음 삐지는 것으로 원하는 것을 표현 하는 시기가 되었을 때 부모의 지지와 제한 속에서 적절하게 조율을 경험하는 것이 필요하다.

 02 | 무조건 잘해 주어야 하나요? 아니면 혼내야 하나요?

잘 삐지는 아이에게 무조건 잘해 주거나, 과하게 혼내는 것 둘 다 옳지 않은 방법이다. 부모가 과하게 아이의 모든 것을 해결해 주는 것을 과잉보호라고 한다. 또한 사소한 것에도 부모가 결정지어 주고 과하게 '하라, 하지 마라' 하는 경우를 과잉통제라고 한다. 두 가지 모두 부모가 원하는 방식과 그 기준 안에서만 아이가 생각하고 행동하도록 하는 것이다.

지나치게 잘해 주는 것은 아이를 과잉보호 속에서 자라게 하며 '좌절경험을 통한 배움의 기회'를 놓치게 된다. 처음에는 무엇이든 다 해 주는 부모가 편하게 느껴지지만, 아이가 커 갈수록 부모에 대한 불만이 커지고 답답해하며, 자신이 스스로 해결할 수 있는 것이 제한되어 있어 짜증이 날 수도 있다. 특히 또래 안에서 자기중심적으로 상황이 진행되지 않으면 토라지고 견디지 못하는 경우가 생기게 된다. 이것은 과잉통제의 경우에도 마찬가지다.

 03 | 삐질 때마다 전학을 보내 달라고 합니다. 아이가 원하는 대로 친구와 분리해야 하나요?

유독 트러블이 자주 일어나는 친구와 거리를 두는 것도 방법이기는 하지만, 쉽게 혹은 지나친 분리는 또래로부터 더 멀어지게 하는 방법이다. 아이가 힘든 상황을 빈번하게 회피하려고 하는 건 아닌지 살펴보고 극복할 수 있는 방법들을 아이와 함께 생각하고 나누어야 한다.

또한 다른 것보다 아이 마음속의 근본적인 것을 해결해 주어야 한다. 다음과 같은 양육태도가 부모 속에 있지는 않은지 탐색해 보도록 하자.

◇ 아이를 위해 헌신해 왔지만 아이가 원하는 방식보다는 학습적인 것을 더 중요시했다.

◇ 같이 보낼 수 있는 시간이 적어 물질적인 것으로 채워 주려고 한 부분이 있다.

◇ 과하게 내 아이의 편만 들어 준 적이 많다.

아이의 행동을 확인해 보세요

1) 이 정도면 부모의 관심이 필요해요.

● 친구들과 다툼이 있기도 하고 삐지기도 하지만 몇 분 후 금세 깔깔대고 잘 논다.

● 자신의 물건을 중요하게 여기지만 빌려 주기도 한다.

● 친구들이 안 놀아 준다고도 하지만 잘해 주는 것도 이야기한다.

2) 이 정도면 전문가와 상의가 필요해요.

● 거의 매일 사소한 것으로 친구들과 트러블이 자주 있다.

● 자신의 물건을 만지는 것에 과하게 민감하고 내 영역을 중요시한다.

● 늘 친구들이 자신과 안 놀아 준다고 하거나 괴롭힌다고 한다.

● 삐지는 것으로 부모나 교사의 주의를 오랫동안 머물게 하려고 한다.

부모님의 행동을 확인해 보세요

1) 멈추어야 할 양육행동

"다 그 친구 잘못이네. 정말 나쁜 아이다." (과하게 내 아이의 편만 들어 주기)

호들갑스럽게 내 아이의 입장만 들고 동조하거나, 지나치게 내 아이의 편만 들어 주게 되면 타인과 상황을 매우 자기중심적으로 바라보게 되고 다른 사람 탓을 많이 하는 아이로 자랄 수 있다. 무조건 내 아이의 편을 들어 주기보다는 상황에 대해 자세히 들어 주고 아이의 상한 마음을 공감해 주도록 하자. 그러고나서 객관적인 부모의 시선으로 아이로 인해 속상한 친구의 입장도 이야기해 줘야 한다.

또한 상대방의 가벼운 "No"는 의견일 뿐이며 너에 대한 '미움이나 거부는 아니다.'라는 것에 대해 알려 주어야 한다.

"왜 이렇게 자주 삐지니? 네가 그러니깐 친구들이 너를 싫어하지." (아이가 자주 삐지는 것에 답답하여 부정적 피드백을 주는 행동)

부모가 다루기 힘든 행동이 보일 때마다 아이의 약점을 가지고 훈육에 사용하는 것은 아이의 행동수정에 도움이 안 될 뿐 아니라 아이의 자존감에도 큰 상처를 주게 된다. 부모 앞에서 나타나는 행동은 또래 관계 안에서도 비슷한 행동으로 나타나 갈등을 유발할 수 도 있다. 친구들과 똑같이 핀잔을 주기 보다는 어떨 때 아이가 불편한 감정을 느끼는지 찬찬히 살펴보아야 한다.

2) 효과적인 양육행동

"너도 속상했구나." (공감과 정서적 지지 제공하기)

먼저 내 아이의 마음을 공감해 주고 화가 난 마음을 읽어 준다. 그리고 난 다음 아이의 이야기를 하나씩 들어 나가면서 마음 읽기도 같이 시도해 보는 시간을 가져야 한다. 내 마음이 공감받은 경험이 있는 아이는 다른 사람을 공감할 수 있게 된다.

" 혜진이가 들고 있는 색연필이랑 성빈이가 들고 있는 색연필 색이 다르네. 필요할 때 서로 나누어 쓰면 더 멋진 그림이 완성될 수 있겠다." (배려를 격려하고 강화해 주기)

'내 것'만이 중요한 아이에게 무조건 나누어 쓰기를 강요하기보다는 아이가 나누어 쓰고 친구에게 빌려 준 행동이 어떤 좋은 결과를 가지고 오는지 설명해 주는 것이 필요하다. 아이가 어느 순간 친구에게 배려의 행동을 했다면 그 순간을 놓치지 않고 칭찬해 주는 것도 강화시켜 주는 방법이다.

내 맘대로 그리기

활동순서

❶ 부모는 스케치북과 펜을 들고 아이와 등을 대고 앉는다.

❷ 아이가 지시하는 대로 그림을 그린다.

❸ 부모는 그림을 그리며 아이가 생각하고 있는 그림을 맞힌다.

알아두기

두 가지의 그림 그리기 활동은 아이와 같이 하는 협동작품으로, 아이와 쉽게 친밀해질 수 있다. 또한 아이의 지시에 따라 그림을 그리는 부모와의 활동을 통해 아이는 수용받고 경청받는 경험을 하게 된다. 아이가 부모에게 받은 수용과 경청의 경험은 또래관계에서 그대로 표현되도록 돕는다.

본문 아이디어 잡는 그 다음 그려 주세요
부모님

6. 친구야, 나만 바라봐 - 또래 집착

초등학교 3학년 승찬이는 쉬는 시간마다 옆자리 짝꿍에게 "오늘 집에 가는 길에 맛있는 것 사 줄게, 같이 가자."라고 이야기한다.

외동인 승찬이는 혼자 있으면 심심해서 친구들과 노는 것을 좋아했다. 그런데 어느 순간부터인지 친구들을 집으로 데리고 와서 "여기 내 방이야. 냉장고는 저기 있어. 너희 마음대로 먹어.'라며 인심을 후하게 써야지만 직성이 풀린다. 승찬이네 집은 할머니, 할아버지와 부모가 함께 사는 대가족이다. 어른들은 친구들을 데리고 올 때마다 돌변하는 승찬이가 당혹스럽다. 갑자기 가족을 시종 부리듯 하면서 '음식 해 달라, 용돈 달라.' 등 무리한 부탁을 하면, 부모는 아이들 앞에서 승찬이의 요청을 들어줄 수도, 혼을 낼 수도 없다.

승찬이의 부모는 아이가 하나밖에 없지만, '아이는 강하게 키워야 한다.'는 승찬이 아빠의 지론에 따라, 아기였던 승찬이를 두고 장시간 외출하는 경우가 잦았다. 승찬이는 떼를 많이 쓰는 편이었는데, 승찬이의 부모는 여력이 되면 울고 있는 아이를 달래다가도, 어떤 날은 호통을 치고 그냥 나가 버리는 경우가 종종 있었다. 아이가 커 버린 후론 '친구들과 잘 놀겠거니…….' 하고 크게 신경을 쓰지 않다 보니, 이제는 가족이 함께 보내는 시간이 없어져 버렸다.

작년부터 승찬이는 하루에 2~3시간씩 온라인 게임을 하기도 하고, 아이들 사이에서 유행하는 장난감을 사며 또래들에 뒤처지지 않으려고 부단히 애를 썼다. 승찬이 엄마는 아이의 이런 모습을 보고, 마냥 '친구들을 좋아한다.'라고 생각해 왔다. 그러던 중, 승찬이가 며칠간 식음을 전폐하고 가족들에게 유난히 화풀이를 하였는데, 이유를 묻자 '나보다 ○○이가 축구를 더 잘해서 인기가 더 많다.'고 하는 것이었다. 결국, 승찬이는 아이들에게 인기를 얻기 위해 "유명한 축구선수를 만났다."고 거짓말을 하면서 화제몰이를 할 수 있었다. 승찬이의 부모는 친구들 사이에서의 인기에 따라 기분이 오락가락하고, 거짓말까지 하는 아이를 보면 답답하기만 하다.

현장 전문가에게 물어보세요

Q 01 | 왜 승찬이는 친구들의 인기에 집착할까요?

아기는 태어난 후 부모와 가장 밀접한 관계를 맺게 되고 세상을 알아 나가기 시작하는데, 이것을 '애착'이라고 부른다. 성장과정을 거치면서 애착이 부모로부터 또래관계로 자연스럽게 이동하게 된다. 승찬이의 경우, 부모가 아이의 필요에 반응을 보이다가도 이내 아이를 외롭게 혼자 두는 모습을 보였다. 이러한 행동은 아이로 하여금 불안정한 마음을 갖게 하고, 사랑받지 못할 것에 대한 두려움을 느끼게 한다. 나아가, 어렸을 때에는 떼를 쓰는 방법으로, 이후에는 자신의 행동이나 물질을 이용하여, '사람의 마음을 얻기 위해 노력해야 한다.'는 생각을 갖게 한다. 가정에서 애정욕구를 충족하지 못한 승찬이의 경우, '친구들이 나를 혼자 버려 두지 않을까?' 하며 불안해하게 되었다. 결과적으로, 승찬이는 자신의 외로움을 달래 주는 친구들에게 인기를 얻기 위해 계속해서 자신의 모습을 꾸미고, 물건을 사 주는 행동을 보이게 된 것이다.

'인정받고 싶다.'

가정에서 진정한 인정을 받아 보지 못한 아이일수록, 친구들에게 칭찬을 받는 경험이 달콤하게 느껴질 것이다. 비난이나 꾸중에 익숙한 아이의 경우, 인정욕구가 좌절되는 상황이 많다. 그러다 보면 아이들의 관심사(스포츠, 장난감 등)를 이용하여 인정받는 것이 비교적 손쉽다는 것을 깨닫고, 자신의 인정욕구 충족을 위해 축구를 열심히 하고 장난감을 종류별로 사 모으는 등의 행동을 통해 또래의 반응에 집착하게 되는 것이다.

'왕따가 되면 어떡하지.'

인기에 집착하는 아이는 자신의 참모습은 숨기고, 자신을 '베푸는 사람, 화내지 않는 사람'으로 포장할 가능성이 높다. 자신의 감정과 성질은 최대한 깊숙이 넣어 두고, 좋은 사람의 얼굴을 하고 씩씩하고 밝게 아이들과 지내게 된다. 이러한 아이들의 생각 속에는 '내 모습 중에는 친구들이 좋아할 것이 없다.'는 마음이 있다. 예를 들어, 자신도 제어할 수 없는 공격성이나 폭력성 때문에 관계를 망칠까 두려운 경우, 자책감이나 죄의식이 높은 경우, 물질로 환심을 사려고 할 가능성이 높다.

아이들이 피상적인 인기에 연연해하다 보면, 친구관계가 빠른 속도로 바뀌게 되고, 깊게 사귀는 것을 어려워할 수 있다. 또래관계도 훈련이 필요한 부분이기 때문에 한 단계씩 알려 주는 것이 필요하다. 첫째, 자주 바뀌는 친구가 아닌, 아이가 진심으로 좋아하는 친구에 대해 이야기를 나눠 본다. 성향과 장·단점 등을 파악 해 보도록 한다. 둘째, 그 친구와 따로 만날 약속을 잡거나 서로의 일상을 공유하는 것도 도움이 된다. 셋째, 아이의 관계패턴을 관찰해 보고 관계가 끊어지는 단계와 원인에 대해 아이와 이야기를 나눠 보도록 한다.

아이의 행동을 확인해 보세요

1) 이 정도면 부모의 관심이 필요해요.

● 친구관계로 어려움을 호소한 적이 있다.

● 한 친구와 좋은 관계를 3개월 이상 지속하는 것이 힘들다.

- 용돈관리가 어렵다.

- 일주일에 한두 번 친구들과 놀다가 약속된 귀가시간에 늦는다.

2) 이 정도면 전문가와 상의가 필요해요.

- 친구관계로 인해 기분 변화가 심하여, 가족 간의 갈등을 야기한다.

- 한 친구와 좋은 관계를 1개월 이상 지속하는 것이 힘들다.

- 용돈을 친구들에게 모두 다 써 버린다.

- 인기를 얻기 위해 학습, 스포츠, 장난감 등에 집착하며 습관적으로 친구들에게 거짓말을 한다.

부모님의 행동을 확인해 보세요

1) 멈추어야 할 양육행동

"네가 공부만 잘해 봐라, 애들이 먼저 친구 하자고 하지."

(아이의 성격 · 능력적 단점을 지적하는 말)

아이는 이미 자신의 있는 그대로의 모습으로 인정받을 수 없다는 생각을 갖고 있다. 이러한 상황에서 문제의 본질과 상관없는 성격이나 능력의 단점을 지적하며 불안감을 키우는 말은 삼가자. 또래아이들에게 배려하고 양보하는 행동을 교육시키는 것은 필요하지만, 과도하게 '착하게 해야 한다, 무엇이든지 잘해야 한다.'라고 강요하는 것은 아이에게 자신의 모습을 숨기고 가면을 쓰라는 의미와 같다.

"친구한테 맛있는 것 사 준다고 해 봐." (물질공세를 이용한 관계형성을 부추기는 말)

대다수의 부모들이 아이가 또래문제로 힘들어할 경우 '~사 줘 봐' 등의 제안을 한다. 이러한 태도는 부모가 아이를 구슬릴 때에도 많이 관찰되는데, 근원적인 관계형성이나 심리 안정에는 아무런 도움이 되지 않을 수 있다. 이는 인간관계의 어려움뿐 아니라 재정(용돈)관리 능력에도 영향을 끼칠 가능성이 높다. 오히려 아이가 친구들과의 군것질 등에 무분별하게 용돈을 사용하지 않도록 적당한 통제나 확인이 필요하다. 이런 경우, 맛있는 것, 좋은 것을 사 주는 것을 제안하는 것보다 진심이 담긴 편지 한 통을 쓰도록 제안해 보는 것이 좋다.

"크면 다 친구 생겨!" (아이의 어려움을 사소한 것으로 치부하는 태도)

어른에게 사회적 관계는 중요하다. 아이들도 친구들과 어울리고 소통하는 것이 그들의 삶에 매우 중요한 요소다. 아이가 힘들어한다는 이유만으로 '괜찮아, 나중에 다 괜찮아져.'라는 식의 위로를 한다면, 오히려 역효과가 생겨 아이의 불안감을 부추길 수 있다.

"너의 장점은 ○○○이야." (자신에 대한 인식 돕기)

아이는 타인으로부터 자신이 인정받는 것에만 관심이 쏠려 있기 때문에, 오히려 스스로에 대해 생각해 보는 것이 어색할 수 있다. 아이의 성향 중 좋은 점들에 대해 이야기하고, 아이가 생각하는 스스로의 성향은 어떤지 대화해 보는 것이 좋다. 이 대화에서 중요한 것은 능력적인 장점이 아닌 성격적 장점을 찾는 것이다.

"엄마랑 같이 놀까?" (상호작용의 롤 모델이 되어 주기)

아이들이 놀이를 시작할 때 소꿉장난을 하거나, 전화기에 대고 말하는 모습을 많이 볼 수 있다. 아이들은 자신의 부모가 서로 상호작용하는 것, 그리고 타인과 관계를 형성하는 과정을 은연중에 배우고 따라하게 된다. 아이에게 "친구한테 ~라고 해 봐."라고 열 번 이야기해 주는 것보다, 부모가 직접 신뢰를 기반으로 한 친구관계를 쌓아 나가는 모습을 보여 주는 것이 효과적이다.

"친구의 어떤 점이 좋니?" (아이의 또래관계에 관심 갖기)

부모가 아이의 친구 이름과 얼굴을 알아 두고 어떤 친구와 친하게 지내는지 관심을 갖는 것이 필요하다. 더불어, 아이는 친구들에 대한 구체적인 인식 없이, 같이 어울려 다니는 것을 좋아하는 것일 수 있다. 아이가 파악한 친구들에 대한 특징, 성격 등에 대해 같이 관심을 가져 볼 필요가 있다.

장점나무 만들기

활동순서

❶ 나무에 가족 이름을 하나씩 써 넣는다.

❷ 오른쪽 사람에게 자신의 나무를 전달한다.

❸ 상대방의 장점을 열매에 쓴 후 나무에 붙여 준다.

❹ 다시 오른쪽 사람에게 나무 그림을 전달한다.

❺ 2번과 3번을 반복한다.

알아두기

또래아이들의 인기에 집착하는 아이들의 경우, 주변의 반응에 따라 자존감의 변화를 겪을 여지가 있고, 스스로의 있는 그대로의 장점을 인식하는 것이 어려울 수 있다. 가정 내에서 아이의 본 모습을 칭찬해 주는 활동이 필요하다.

이름 ●●●

예)

주변정리를

잘한다.

03

조절능력에
어려움을 보이는 아이

7. 우리 집 무법자 – 과잉행동

사례

"현서야, 현서야! 가만히 좀 있어! 엄마 정신없어 죽겠어!"

초등학교 1학년 현서가 학교를 다녀오면 엄마와 현서의 전쟁은

시작된다. 한시도 가만히 있지 못하는 현서는 오늘도 오자마자 집

안을 뛰어다니며 어지럽힌다. 엄마가 거실을 치워 놓으면 방을 어지르고, 방을

치우면 화장실이 엉망이 된다. 집에서는 힘들어 아이를 놀이터로 내보내도, 순서나 규칙과 상관없이 제멋대로 놀려고 하기 때문에 다른 친구들과 잘 어울리지 못한다. 주변 엄마들이 하도 싫은 소리를 해서 엄마는 현서를 감시하러 함께 놀이터에 나가야만 한다. 어려서부터 에너지가 많고 부산스러웠는데, 아이가 커 갈수록 엄마는 점점 버겁다.

현서가 초등학교 입학 후, 일주일에 두세 번은 담임선생님께 전화가 온다. 현서가 수업시간에 돌아다니고 끊임없이 옆 친구에게 말을 걸어서 수업진행이 어려웠다는 내용이 대부분이다. 얼마 전 학교에서 있었던 참관수업을 다녀 온 후 담임선생님과의 상담내용에 대해서 진지하게 고민하였다. 다른 아이들은 모두 선생님의 수업내용에 집중하고 따라가는데, 현서만 유독 집중하지 못하고, 주변을 돌아보며 주변 친구들에게 참견을 하고 연필이나 지우개를 떨어트리거나, 엉뚱한 이야기를 아무렇지도 않게 큰 소리로 하고 있었다.

사실 현서는 집에서도 엄마와 갈등이 많다. 부모님이 맞벌이에 세 살 터울 동생까지 있어 일손이 부족한데 현서는 지속적으로 집을 어지르고, 숙제나 학습지도 엄마가 꼭 옆에 있어야만 겨우겨우 한다. 이런 탓에 엄마는 매사에 현서에게 잔소리를 하게 된다. 게다가 최근 담임선생님과 상담 후에는 학교 다녀오면 "오늘은 담임선생님께 안 혼났니?, 오늘은 사고 안쳤니?, 안 돌아다니고 잘 앉아 있었니?"라고 자꾸 현서에게 확인하는 질문을 해서 이제는 현서가 엄마랑 이야기하고 싶지 않다고 한다. 아빠는 아이들과 놀아 주는 것을 좋아하기는 하지만, 평소에는 퇴근이 늦고, 주말에도 일을 하는 날이 많아 아이와 함께하는 시간이 매우 적다. 어쩌다가 한 번씩 아빠와 놀 때면 아빠는 엄마랑은 다르게 무조건적으로 현서의 말을 다 들어주는 편이다. 스마트폰이나, TV 시청도 마음껏 할 수 있게 해 주어 엄마와 갈등이 많다.

현장 전문가에게 물어보세요

01 | 초등학교 입학하고 나서 과잉행동이 더 두드러지는 이유는 무엇일까요?

에너지를 발산하고, 자유로운 행동이 상대적으로 많이 허용되는 유치원과 학교는 형태 자체가 매우 다르다. 수업시간을 선생님 한 분이 주도하고, 모두 책상에 앉아서 앞을 보고 수업을 들어야 한다. 수업시간도 무려 40분이나 된다. 쉬는 시간은 또 어떤가? 누가 알려 주지 않아도 종이 울리면 수업준비를 해야 하고, 알아서 화장실에 다녀와야 한다. 모든 초등학교 입학생들은 이런 형태에 적응해야만 하는데, 새로운 환경에 적응하는 과정에서 아이가 산만한 것은 당연하다. 어릴 때부터 에너지가 많고 부산스러웠던 아이라면, 유치원보다 규칙과 수업 형태가 엄격해지는 초등학교라는 새로운 환경을 접했을 때 다른 아이들보다 더 산만해 보일 수는 있다. 하지만 차근차근 설명해 주며 학교라는 큰 규칙에 적응해 나갈 수 있도록 도와주고 기다려 주는 것이 좋다.

02 | ADHD일까요?

4세 이전에 아이가 산만하고 과잉행동을 하는지에 대해서 구별해 내기는 어렵다. 학령기에 들어와도 실제로 주의력과 집중력이 부족하거나 과잉행동으로 수업을 따라가지 못하고 산만해 ADHD로 진단받는 경우는 전체 아동의 5%정도에 불과하다.

ADHD라고 섣부르게 판단하기보다는 아이가 산만한 원인들을 먼저 찾아보는 것이 좋다. 우선적으로 아이가 심리적으로 불안한지, 집중에 방해되는 자극들이 주변에 많거나 지저분한 건 아닌지 등 아이와 아이 주변을 살펴보자. 이러한 노력에도 불구하고 아이가 6개월 이상 지속적으로 산만한 모습을 보인다면, 정확한 진단을 위해 전문가와 상담한 후, 약물이나 전문적인 상담 및 심리치료를 통해 증상을 완화할 수 있도록 도와주는 것이 좋다.

03 | 행동조절이 어려운 아이의 속마음은 어떨까요?

'내가 뭘 잘못했죠?'

산만한 행동은 스스로 조율하거나 통제하기 어렵기 때문에 스스로 의도한 것이 아님에도 불구하고 다른 사람에게 피해를 주거나, 지적을 받는 경우가 많다. '내가 물건을 떨어트리고 싶어서 그런 건 아닌데…….' '나는 그냥 궁금해서 물어본 게 다인데…….' 라고 생각하며, 답답해하고, 억울함을 느낀다. 뭔가 해 보려고 노력했던 부분은 축소되고 지속적으로 억울하게 지적을 받으면 아이는 정서적으로 위축되고, 점점 더 다른 사람의 말을 귀담아 듣지 않으려고 할 수 있다. 산만한 모습에 대해 개입하기 전에 아이가 억울함을 느끼거나 답답해하지 않도록 아이의 속마음과 행동의 의도에 대해서 먼저 귀 기울여 주어야 한다.

아이의 행동을 확인해 보세요

1) 이 정도면 부모의 관심이 필요해요.

- 에너지가 많아 주로 밖에 나가서 놀거나 활동적인 놀이에만 관심을 보인다.
- 다른 활동들에 비해 과제나 숙제, 책 읽기 등 앉아서 하는 활동을 하기 어려워한다.
- 기분이 좋을 때나 흥분했을 때 종종 과도하게 움직이거나, 목소리가 커지는 등 에너지가 쉽게 상승된다.
- 종종 공공장소나 식당 등에서 뛰어다닌다.

2) 이 정도면 전문가와 상의가 필요해요.

● 5분도 가만히 있지 못하고, 손발을 만지작거리거나 의자에 앉아서도 몸을 지속적으로 꿈틀거린다.

● 교실과 같이 앉아 있도록 요구되는 상황을 불편해하고 자리를 이탈하는 경우가 많다.

● 장소나 상황을 불문하고 부적절하게 뛰어다닌다든가, 기어오르고, 끊임 없이 활동한다.

● 질문이 끝나기도 전에 성급하게 대답하거나, 자신의 차례를 기다리지 못하고 다른 사람의 활동을 방해하거나 침해하여 피해를 줄 때가 많다.

부모님의 행동을 확인해 보세요

1) 멈추어야 할 양육행동

"현서야, 도대체 얌전히 하라고 몇 번을 말해야 알아듣겠니? 자꾸 정신없게 할 거야?" (꾸중하거나 지적하기)

충동적이고 과잉 행동하는 아이들은 대체로 주변에서 지적이나 꾸중을 받기 쉽다. 부정적인 피드백은 아이들을 정서적으로 위축되게 만들고, 스스로 보잘것없이 실수만 하는 존재라고 생각하게 만든다. 엄마 아빠에게 자주 혼이 나고 주로 지적을 많이 받았다면, 아이는 더 이상 엄마 아빠의 말에 귀 기울이고 싶지 않게 된다. 오히려 반대로 행동하거나 더 산만하게 행동하려고 할 것이다. 산만한 아이일수록 같은 말이라도 조금 더 부드럽고 친절하게 설명해 주는 것이 도움이 된다. "그렇게 하지 말랬지!" 라고 이야기하기보다는 같은 말이라도 "○○가 실수했구나. 마음은 그렇지 않았을 텐데. 다음부터는 조금 더 신경 써 줘. 부탁할게."처럼 부드럽게 이야기하는 것이 좋다.

"엄마 지금 이거 하고 있잖아. 엄마한테 그만 물어보고 가서 TV 보고 있어!" (TV, 스마트 기기를 너무 많이 허용하기)

앞의 사례에서 나온 현서는 TV에 많이 노출되어 더 산만해진 경우라고 볼 수 있다. TV나 스마트 기기는 당장 아이를 가만히 앉아 있게 만들 수는 있지만, TV를 끄거나, 스마트 기기 사용을 중단하게 되면 예전보다 더욱 산만하게 변하기 쉽다. 스마트 기기는 사용이 단순하고 작은 노력에도 원하는 것들을 빨리빨리 얻을 수 있는 특징이 있다. 뿐만 아니라 자극의 강도가 세기 때문에 다른 활동에 쉽게 흥미를 느끼지 못하게 한다. TV와 스마트 기기를 너무 많이 허용하면 일상생활에서 산만함을 줄이고, 집중력을 높이는 데 방해가 되므로 주의가 필요하다.

"현서야, 그냥 가만히 있는 게 도와주는 거야. 엄마 옆에 가만히 있어! 알았어?" (무조건 하지 못하게 하기)

산만하고 충동적인 아이들은 대체로 에너지가 많은 편이다. 그러나 에너지 조절이 잘 되지 않아 사건 사고가 빈번히 일어난다. 대체로 뒷수습은 엄마의 몫이 되기 때문에 특히 외출 시 엄마들은 일단 아무것도 못하게 제지하는 경우가 많다. 잠시 동안은 효과가 있을 수 있지만 아이의 분노감만 높이고, 나중에는 더 산만해지는 역효과를 불러오게 된다. 에너지를 잘 활용할 수 있는 경험들을 늘려 주고, 스스로 조절할 수 있는 기회를 주는 것이 좋다.

2) 효과적인 양육행동

"엄마랑 아빠는 현서가 어떻든 항상 우리 현서 사랑해." (부모와의 긍정적 관계 유지하기)

아이의 산만한 모습을 개선하기 위해서는 우선적으로 엄마 아빠와 아이와 긍정적 관계를 유지하는 것이 중요하다. 부모와 사이가 좋지 않거나, 애정욕구가 충분히 채워지지 않은 경우에도 아이가 산만해지기 쉽다. 부모님께 충분히 사랑받고 있지 못하다고 느낄 때 아이는 심리적으로 불안정하고 불안해진다. 엄마 아빠의 눈치를 살피고, 어떻게 기분을 맞춰야 할지 고민하느라, 정작 스스로에게 필요한 일이나 해야 할 일들을 놓치는 경우가 많기 때문이다. 아이의 산만한 행동교정도 부모와 아이가 좋은 관계일 때 훨씬 더 수월하다. 산만한 행동교정과 주의력 향상은 아이와 부모 모두 꾸준한 노력과 의지가 필요하기 때문에 아이가 부모를 협력관계로 느끼는 것이 좋다.

"현서야, 엄마랑 한 가지만 약속하고 지켜볼까? 엄마도 도와줄게."
(함께, 하나씩 규칙 세우기)

산만한 행동을 조금씩 줄여 나가려면 수많은 반복과 노력이 필요하다. 이때 엄마나 아빠가 함께 참고 버텨 주며 지지해 주는 태도가 필요하며, 산만한 아이일수록 부모의 적절한 개입이 중요하다. 기본적인 생활습관을 가르치거나, 함께 활동할 때, 해야할 일을 알려 줄 때 최대한 구체적이며, 아이가 쉽게 이해하고 직접 할 수 있게 제시하는 것이 효과적이다. 예를 들어, 간식을 먹는 상황이라면, 자유롭게 간식을 먹게 하기보다는 몇 개를 먹을지 얼마만큼을 먹을지 함께 정해 보거나 가방을 챙기거나 옷을 챙겨 입을 때 어떤 순서로 어떻게 할지 차근차근 과정에 대해서 설명해 주고 따라갈 수 있도록 해 주는 것이 좋다. 이때 부모는 지시하고 명령하는 위치에 있다기보다는 아이가 해 나가는 것에 즐겁고 재미있게 함께 참여해 주는 것이 아이의 산만함을 줄이고, 집중력을 키우고 규칙을 익히는 데 도움이 된다.

"이야~, 우리 현서가 이것도 했어? 우와 멋있다!" (작은 행동에도 칭찬 많이 해 주기)

산만한 아이들의 경우 다른 아이들보다 상대적으로 칭찬경험이 부족할 때가 많다. 칭찬은 자기효능감을 높이고, 긍정적 자아 상을 형성하는 데 매우 중요하다. 하기 싫어하는 일은 피하고, 해야 할 일도 집중하지 못하는 경우, 칭찬은 좋은 동기부여가 될 수 있다. 작은 일이라도 칭찬할 수 있는 부분에 대해서 충분이 긍정적 반응을 보여 주고, 부모가 아이에게 스스로 충분히 할 수 있는 작은 부탁들을 하여 칭찬받을 수 있는 상황 등을 제공하는 것도 좋다. 칭찬해 줄 때 '잘했어.'라는 말도 좋지만, '고맙다, 멋지다, 최고다' 등의 표현을 함께 해 주는 것도 좋다. 작은 해냄 에도 크게 칭찬해 줄 수 있도록 하자.

가라사대 나라의 보물찾기 게임

활동순서

❶ 보물찾기 게임 전에 가라사대 게임을 먼저 숙지한다.

가라사대 게임

부모가 먼저 "가라사대~해라."라면 아이가 그 행동을 실행한다. 가라사대를 빼고 "~해라."하면 그 행동을 실행하면 안 된다. 아이와 부모의 역할을 바꾸어 가며, 게임을 숙지한다.

예) 부모: 엄마 가라사대, 오른쪽 눈을 감아라.
　　아이: (오른쪽 눈을 감는다.)
　　부모: 이제 뜨세요~.
　　아이: (오른쪽 눈을 뜨면 안 된다.)

❷ 아이가 가라사대 게임을 완전히 숙지했다면, 워크시트의 보물지도를 활용해 부모와 함께 보물찾기 게임을 진행한다.

❸ 보물지도를 보고, 부모와 먼저 머릿속으로 보물을 숨길 장소를 정한다.

예) 분식집

❹ 부모가 '가라사대'와 '가라사대가 포함되지 않는 말'로 아이에게 보물이 있는 장소로 길을 안내한다.

예) '직진 5칸 하세요.' - 실제 아이는 움직이지 않아야 함.
'엄마 가라사대, 직진 3칸 하세요.' - 아이는 직진으로 3칸 움직여야 함.

❺ 아이의 연령이나 따라오는 정도에 따라 레벨을 선택하여 보물찾기를 실
행한다.

❻ 보물을 찾으면 격려한다.

알아두기

과잉행동은 조절능력과 관련이 있으므로, 의도적으로 주위를 기울일 수 있
는 활동을 함께하는 것이 좋다. 보물지도를 보고 보물을 찾는 게임이나, 숨은
그림찾기 등의 게임은 의도적으로 주의를 기울여야 하는 활동으로 자기조절이
이루어지고, 집중과 몰입에 도움이 된다.

워크시트

Level 1 슈퍼마켓, 분식집, 경찰서, 소방서
Level 2 이발소, 병원, 수족관, 은행, 동물원, 학교
Level 3 장난감가게, 자전가가게, 할머니집, 기차역, 미술관, 수목원, 수영장,
       우리집

8. 못 말리는 떼쟁이 - 욕구조절

"싫어! 싫어! 기다리는 거 싫어~. 지금 아빠랑 그네 타러 갈 거야. 앙~." 이른 아침부터 여섯 살 다정이의 떼쓰는 소리로 가족 모두 어수선하게 기상을 했다. 모처럼 다정이 아빠가 쉬는 날, 다정이는 새벽부터 일어나 그네를 타러 간다고 떼를 부리기 시작했기 때문이다. 부스스하게 잠에서 깬 아빠는 아침만 먹고 가자, TV 보고 가자 하며 여러 가지 방법으로 다정이를 설득해 보지만 다정이는 오로지 그네만 타겠다고 떼를 부린다. 결국 아빠는 다정이의 손에 이끌려 터덜터덜 나간다.

놀이터에서 기분 좋게 그네를 타고 들어온 다정이가 이번에는 퍼즐을 하다가 말고 큰 소리로 울기 시작한다. 퍼즐이 잘 맞추어지지 않는 것이 엄마 아빠 탓이라는 것이다. 설거지하던 엄마는 달려와 아이의 비위를 맞춰 보지만 다정이는 더 울고 트집만 잡는다. 결국 다정이 손에 아이스크림 하나를 쥐어 주고 나서야 집안은 조용해졌다.

하루 종일 아이와 집에 있을 자신이 없어진 엄마 아빠는 차를 타고 마트로 향한다. 이 과정도 만만치 않다. 다정이는 젤리를 달라 스마트폰을 달라 참 요구 사항이 많다. 엄마와 아빠는 안 된다고 하지만 결국 떼 부리는 다정이 앞에서 부모는 약해지고 만다. 다정이는 마트에 들어가기 전 엄마와 장난감 사지 않고 '구경만 하기'로 약속한다. 하지만 다정이는 몇 분 뒤 마트 바닥을 뒹굴며 떼를 부리기 시작한다. "옛날에 엄마가 사 주기로 했잖아."라고 울며 억지를 피운다. 큰 소리로 우는 다정이는 이제 젤리나 스마트폰으로도 달래지지 않는다.

다정이의 할머니는 아이들은 그러면서 크는 것이라고 하며 아이를 더 응석받이로 키우는 것 같다. 다정이의 엄마 아빠는 이러지도 저러지도 못하며 육아 스트레스만 커진다.

현장 전문가에게 물어보세요

Q 01 | 떼 부리는 아이, 왜 그런 걸까요? 원래 그런 시기인가요?

처음 태어나 그저 엄마나 아빠의 보살핌만으로 만족이 되던 아기들이 점점 자라 18개월이 되면, 좋고 싫음이 분명해지고 감정표현을 적극적으로 하기 시작한다. 자신이 본 것을 직접 만지고 싶어 하고, 먹고 싶어 하며, 가지고 싶어 하기도 한다. 엄마는 모든 것을 허용해 줄 수 없기에 제한하는 것들이 많아지게 되고 아이의 요구는 많아지는 시기다.

이때 양육자가 아이의 다른 표현에는 반응을 보이지 않다가 울음으로 표현할 때에만 반응하기 시작한다면 그 행동이 강화되어 떼를 부리는 아이로 자랄 수 있다. 떼를 써서 자신이 원하는 것에 점점 길들여지게 되면 아이는 스스로 자신을 조절하는 방법을 배울 기회를 잃게 되는 것이다.

울음과 떼는 모든 아이들이 커가며 나타나게 되는 과정이지만, 떼 부리는 것이 지나치다면 부모님의 양육태도 속에서 아이의 떼를 강화시키고 있지는 않은지 점검해 볼 필요가 있다.

특정한 상황에서 아이의 떼가 심해진다면 부모가 일관적이지 않은 양육 태도를 보이고 있는 것은 아닌지 돌아보자. 떼를 자주 부리는 아이를 둔 엄마는 사람들이 많은 곳에서 난처한 경우를 종종 경험하게 된다. 이럴 때 부모는 아이 다루기를 힘들어하고 어쩔 줄을 모르며, 아이가 떼를 부리며 요구하는 것을 결국 들어주게 된다. 이런 부모의 패턴을 아이들은 잘 알고 있기 때문에 외출했을 때나 사람이 많은 곳에서 자신이 크게 울거나 떼쓰면 부모가 난처해하며 빨리 자신의 요구를 들어준다는 것을 알고 있다.

아이의 떼 부리는 패턴을 바꾸고 싶다면 아이와 함께 있는 모든 시간에 일관된 양육태도를 보이는 것이 가장 중요하다. 일관된 양육태도는 부모가 자신의 생각에 대한 확신이 있고, 양육에 대한 자신감이 있을 때 가능하고 자신감이 없는 부모는 아이에게 끌려가기 쉽다. 떼를 부리는 아이를 둔 부모는 정해진 양육규칙을 지켜야 하는 상황이 오면 흔들리지 않고 그 시간을 버텨 주는 힘이 필요하다. 이러한 경험이 아이뿐 아니라 부모에게도 쌓여 갈 때, 부모도 다시 자신감(혹은 양육효능감)이 높아지며 아이의 떼도 줄어들 수 있다.

아이가 떼를 부리기 시작했을 때, 아이의 마음을 헤아려 주지도 않고, 강압적 태도로 호통을 치고, 매를 들게 되면 아이는 문제행동이 더 심해지거나 마음에 상처만 남게 된다. 매를 든 순간에는 아이의 울음소리가 작아지고 잠시 진정되는 것같아 보일 수 있지만 이 방법은 매우 일시적인 멈춤일 뿐 문제가 해결되고, 아이의 마음이 정말로 진정이 된 것은 아니다.

아이의 행동을 확인해 보세요

1) 이 정도면 부모의 관심이 필요해요.

● 떼를 부리다가도 부모가 상황을 설명하면 훌쩍거리며 멈춘다.

● 몸이 피곤할 때 떼를 부린다.

● 정말 가지고 싶은 것이나 먹고 싶은 것이 있을 때 어쩌다가 떼를 부린다.

2) 이 정도면 전문가와 상의가 필요해요.

- 떼를 부릴 때는 어른을 때리기도 하고 물건을 심하게 던진다.
- 모든 요구사항을 예외 상황 없이 떼를 부리며 말한다.
- 일주일에 한 번 이상, 떼를 부리기 시작하면 시간이 매번 길어지고 울다가 토하거나 쓰러져 잔다.

부모님의 행동을 확인해 보세요

1) 멈추어야 할 양육행동

"엄마가 기분이 안 좋아서 그래. 아빠가 사탕 줄게." (일관되지 않은 양육환경. 부부간의 일치되지 않는 훈육상황)

엄마가 아이를 훈육하고 있을 때, 다른 양육자가 아이를 달랜다면 아이에게 의미 있는 훈육의 시간을 보낼 수 없다. 특히, 조부모와 함께 양육하는 가정의 경우 서로 양육방식의 차이가 보일 수 있다. 모두의 양육법이 완전히 같을 수는 없지만 서로 방향이 다르거나 지나치게 상반된 양육태도를 보이고 있다면 멈추어야 한다.

특히, 아이가 떼부리기로 원하는 것을 얻어 내려고 한다면 함께 있는 어른들의 일관적인 모습이 필요하다.

"정말 니네 엄마(또는 아빠) 닮아서 고집이 세구나." (아이의 모습을 통해 다른 양육자를 비난하는 것)

종종 부모들은 아이를 혼낼 때 다른 양육자(아빠, 엄마, 할머니 등)를 닮아서 그렇다는 표현을 하는 경우가 있다. 이런 표현은 아이의 기분과 배우자의 기분을 상하게 할 뿐 아니라 아이가 다른 양육자를 신뢰하지 못하도록 한다.

"하루 종일 왜 그래! 너 때문에 하루가 엉망이잖아." (아이에게 잦은 짜증과 아이 탓으로 돌리는 것)

떼도 아이의 마음속의 감정의 표현이다. 다만 아직 성숙하게 표현하는 법을 배우지 못했을 뿐이다. 이러한 상황에서 모든 책임을 아이에게 묻고, 감정적으로 반응한다면 아이는 자신의 감정을 그때그때 표현하지 못하고 위축되게 된다. 이러한 경험은 이후에 자신의 감정을 잘 표현하지 못하거나 작은 일도 부정적으로 바라보고 다른 사람 탓을 많이 하는 아이로 자라게 만들 수 있다.

"알았어, 알았어. 이번 한 번만이야. 오늘만이야." (결국에는 아이가 떼 부리면서 한 요구를 들어주는 것)

떼를 부리며 원하는 것을 이야기할 때 아이에게 못 이겨 결국 들어주는 것은 아이가 스스로 조절을 배우는 기회를 잃을 뿐 아니라 아이의 떼를 점점 심하게 만들어 주는 지름길이다. 부모가 한 번 안 된다고 한 것에 대해서는 반드시 지켜져야 한다. 그 순간에는 아이의 기분이 나빠질 수는 있지만 이 과정을 통해 더욱 부모를 신뢰하게 된다.

"오늘 한 번만." "이번 한 번만."이라고 하며 아이의 요구를 들어주는 것은 매우 위험하고 애매한 방법이다. 가족 내의 물건을 사거나 간식을 먹는 것에 대한 명확한 규칙을 정하고 이것에 맞게 행동하도록 하는 것이 오히려 아이들에게 안정감을 줄 수 있다.

2) 효과적인 양육행동

"네가 준비가 되면 꺼내 줄게(사 줄 수 있어)." (아이의 감정은 받아 주고 아이가 준비가 된 다음 어떻게 할지 정하기)

아이가 떼를 부리며 무언가를 요구할 때 아이의 감정을 읽어 주고 아이의 감정이 추슬러질 때까지 기다려 줘야 한다. 기다림의 시간 동안에 부모가 너무 멀리 떨어져 있게 되면 아이가 버림받은 느낌이 들 수 있으므로 일정한 간격을 두고 잠시 기다려 주는 것이 좋다. 아이가 훌쩍이는 것을 멈추고 진정이 된 후 부모에게 다시 원하는 것을 이야기한다면 포근히 안아 주고 요구사항을 들어주거나 다른 대안을 찾도록 한다.

"그 장난감을 가지고 싶구나. 하지만 그건 어린이날에 사 줄 수 있어." (아이가 원할 때마다 선물을 사 주지 않고, 정해진 약속의 날에 선물을 사 주는 것으로 아이와 합의하기)

외출을 하거나 마트를 가기 전에는 아이에게 반드시 가는 곳과 무엇을 하러 가는지를 설명해 주어야 한다. 외출을 할 때마다 아이가 장난감이나 간식을 필요 이상으로 사 달라고 조른다면 계획되어 있지 않고 약속하지 않은 물건은 사지 않는 것이라고 이야기해 준다. 외출 전 충분히 설명과 약속을 했을지라도 어린 연령의 아이는 기다림이 어렵고 기억을 못할 수도 있기 때문에 부드럽게 반복적으로 이야기해 주는 것이 중요하다. 잦은 선물로 아이가 부모의 사랑을 선물로 확인하기보다는 안 되는 것들에 대해 부드럽게 설명해 주는 부모가 되도록 하자.

5분 양육 *tip*

퍼펫 놀이

활동순서

❶ 퍼펫인형을 준비한다.

　(퍼펫인형이 없는 경우 다음의 그림을 오려 빨대나 나무 젓가락에 붙여 사용)

❷ 떼쟁이 역할을 부모가 한다.

❸ 상황에 따른 인형극을 한다.

❹ 서로의 기분을 이야기한다.

❺ 역할을 바꾸어서 해 본다.

　상황 1) 마트에서 장난감을 사 달라고 하는 경우
　상황 2) 밥 먹지 않겠다고 떼 부리는 경우
　상황 3) 여름에 겨울 옷을 입겠다고 고집부리는 경우

알아두기

이러한 놀이를 통해 아이가 떼 부릴 때의 부모의 감정을 공유할 수 있다. 또한 아이의 떼 부리는 모습을 엄마가 흉내 내는 것을 보며 아이는 엄마에게 혼났던 것에 대해 긴장감을 재미로 승화시킬 수 있는 시간을 제공한다. 유사한 상황이 왔을 때 아이가 어떻게 표현해야 하는지 교육할 수 있다.

9. 손톱 물어뜯기 선수 - 강박행동

"유나야! 손! 또 손 입으로 간다!" 8살 유나의 엄마는 오늘도 유나 행동을 관찰하고 제지하는 데 쉴 틈이 없다. 유나는 엄마의 계속되는 지적에 깜짝깜짝 놀라며 위축된 모습으로 입에서 손을 빼고 만지작거린다. "이게 손이 뭐야! 엉망이잖아…… 안 아파? 으이구." 유나의 손을 보며 엄마는 안타까우면서도 한소리 안 할 수가 없다. 손에서 피가 나도 계속해서 손톱을 물어뜯어 예뻤던 손이 이제 엉망이 되었다. 엄마가 심하게 제지를 하여 억지로 손톱을 못 물어뜯게 하니, 이제는 머리카락을 뽑기 시작했다. 방에서 머리카락이 한 주먹씩 나와서 의심이 들어 유나의 머리를 보니, 머리카락으로 살며시 감춰 놓은 아래쪽에 동그랗게 비어 있는 곳을 보고 엄마는 기가 찼다.

유나는 주로 야외활동과 체험활동을 하는 유치원을 다녔는데, 초등학교에 입학하고 보니, 이미 학습적으로 준비하고 온 아이들이 많아 유나 엄마는 마음이 조급했다. 그 후로 유나의 학업에 집중했다. 다른 아이들보다 뒤처질까 여기저기 좋다는 선생님, 학원을 알아보며 최선을 다해 유나 뒷바라지를 하고 있다. 하지만 유나는 빡빡한 하루 일과를 마치고 나면 많이 힘들어하고, 손톱을 물어뜯는 게 더 심해진다. 숙제를 할 때도 많이 물어뜯지만, 받아쓰기 같은 시험이 있는 날에는 정말 열 손가락이 모두 남아나지 않는다. 처음에는 하지 말라고 다독여 보기도 했지만, 고쳐지지 않아 이제는 보일 때마다 지적을 하기 바쁘다. 지적을 해서 조금 없어지나 했더니 이제는 머리카락을 뽑으니, 엄마는 정말 어떻게 해야 할지 모르겠다.

유나는 아기 때부터 손을 빨거나, 손톱을 물어뜯는 일이 많았다. 유치원에 들어가서 손가락을 빠는 행동은 없어졌으나, 여전히 손톱을 물어뜯는 모습을 자주 보였다. 그 당시 엄마는 그냥 잠시 어릴 때 있다가 사라지는 증상이겠거니 하고 별 다른 조치 없이 지나갔다. 그런데 초등학교에 들어가고 눈에 띄게 심해지니 어릴 때 바로잡아 주지 못한 것 같아 후회가 되고, 점점 더 이상한 증상까지 생기는 것 같아 엄마는 혼란스럽기만 하다.

현장전문가에게 물어보세요

 01 | 대체 어떤 계기로 유나는 손톱을 물어뜯거나 머리카락을 뽑는 걸까요?

사례에서 유나가 보이는 행동들은 심리적 원인이 크다. 불안이 높거나, 심한 스트레스 상황일 때 손톱을 물어뜯는 등의 행동으로 이를 완화시키는 것이다. 유나의 상황을 보면, 초등학교에 올라가면서 심해진 학업스트레스가 손톱을 물어뜯는 행동을 유발했을 가능성이 높다. 스스로 다루고 통제하기에 불편감의 정도가 너무 강하다면 아이들은 어떤 방식으로든 통제감을 느끼고 싶어 하는데, 이때 아이들은 신체에 어떤 행위를 가하며 통제감을 유지한다. 특별히 머리카락을 뽑는 행동은 긴장이 고조되어 있는 상태에서 일시적으로 해방감과 쾌감을 주는 것으로도 알려져 있다.

 02 | 얼마나 많은 아이들이 이런 행동을 보일까요?

손톱을 물어뜯는 행동은 4~5세 때부터 많이 나타나며, 기질적으로 예민한 아이들에게서 많이 나타난다. 얼마나 많은 아이들이 손톱을 물어뜯느냐에 대한 연구는 활발하지는 않지만, 외국의 한 연구에 따르면 7세 이상 10세 미만 아동의 1/3 정도는 손톱 물어뜯는 버릇을 가지고 있다고 한다. 주변에 손톱 물어뜯는 사람이 한두 명 정도 있다 해도 과언이 아닐 정도로 흔한 버릇이다. 머리카락을 뽑거나 뜯는 행동은 손톱을 물어뜯는 행동보다는 상대적으로 적으며 5~8세쯤부터 나타나기 시작한다. 종종 13세 이후 사춘기를 보내면서 발현되기도 하고, 성인기까지 지속되기도 한다.

 03 | 이러다가 습관이 되어 버리면 어떡하죠? 고칠 수 있는 방법이 있나요?

처음 이런 행동을 보이고 지속하는 이유는 다양할 수 있는데, 있다가 없어지겠지 하는 마음으로 방치해 둔다면 심각한 문제가 될 수 있다. 많은 사람들이 손톱을 물어뜯는 행동이나, 머리카락을 뽑는 행동을 나쁘고 바르지 못한 품행문제로만 이해하고 행동교정에만 몰두하는 경우가 많다. 실제로 행동교정치료가 증상을 완화시키는 데 효과가 있다는 연구자료들이 많지만, 행동을 하게 되는 근본적인 원인을 제거하지 않으면 증상은 다른 신체부위로 바뀌어서 다시 재발할 가능성이 높다. 따라서 근본적 원인이 될 수 있는 심리적 불안감, 분노, 긴장 등을 우선적으로 해소시켜 정서적으로 안정감을 가질 수 있도록 해야 한다. 그 이후에 이러한 행동들이 버릇과 습관으로 자리 잡지 않도록 행동교정개입을 해 준다면 충분히 고칠 수 있다.

아이의행동을 확인해 보세요

1) 이 정도면 부모의 관심이 필요해요.

● TV를 보거나 책을 읽으며 무의식적으로 손톱을 물어뜯거나 머리카락을 꼬거나 만진다.

● 시험같이 긴장이 되는 일로 인해 손톱을 물어뜯는다.

● 손톱을 물어뜯는 것에 대한 자각이 있고 상처가 나면 멈추려 한다.

2) 이 정도면 전문가와 상의가 필요해요.

● 손톱을 물어뜯거나 입술을 깨무는 행동으로 인해 피가 나거나 상처가 나도 행동을 멈추지 않는다.

● 손톱 물어뜯기 등의 행동이 6개월 이상 지속된다.

● 머리카락을 뽑거나, 눈썹을 뽑는 등의 행동으로 탈모현상을 보인다.

● 이상행동들을 제지하면 지나치게 안절부절못하거나, 불안해한다.

● 한 가지 이상행동이 사라지더니 다른 이상행동으로 발현되거나(손톱 물어뜯는 행동이 사라지더니, 머리카락을 뽑는 행동을 보이는 것), 동시에 여러 가지

이상행동을 보인다(손톱을 물어뜯는 행동과 발가락 사이를 긁는 행동이 비슷한 시기에 함께 보이는 것).

부모님의 행동을 확인해 보세요

1) 멈추어야 할 양육행동

"손톱 물어뜯는 거 엄마가 한 번만 더 보기만 해 봐! 그 때 아주 혼나!" (행동에 대해 협박하며 강력하게 제지하는 것)

아이에게 겁을 주며 혼을 내면 잠시 동안은 행동을 멈추게 할 수 있지만 대개 손톱을 물어뜯는 행동은 아이가 자신도 모르게 하기 때문에 행동이 사라지지는 않는다. 겁을 주거나 혼을 내는 것은 불안과 긴장을 높이기 때문에 행동의 근본원인을 더욱 자극하여 오히려 행동을 강화하기 쉽다. 어쩌다 혼을 내어 행동이 줄었다 할지라도, 유나처럼 머리를 뽑는 등의 다른 행동으로 전환되어 나타나는 경우가 많다.

"찰싹!" (손톱을 물어뜯는 순간 손등을 내리치거나 신체를 때리는 경우)

아이의 손톱 물어뜯는 행동을 바로잡기 위해 엄마들이 자주 하는 실수가 아이의 손톱을 물어뜯는 순간 손등을 내리치거나, 등을 치는 등 신체적 체벌을 가하는 것이다. 아이가 순간적으로 깜짝 놀라 행동을 멈출 수는 있지만 오히려 분노감정만 쌓이고 몰래 하는 시간이 늘어날 뿐이다. 또한 자신이 하는 행동에 대해 지속적으로 처벌받는다는 느낌을 받아 아이의 죄의식과 자괴감만 늘어나기 때문에 체벌을 통해 행동을 교정하려는 방법은 별로 좋지 않다.

"엄마가 손톱 검사해서 물어뜯었으면 그때는 TV 금지야! 안 물어뜯으면 다시 볼 수 있으니까 알아서 생각해서 행동해."
(아이가 좋아하는 자극을 없애며 행동을 수정하려는 것)

부모가 아이를 권력으로 통제하고, 부모에게 어떻게 보이냐에 따라 아이가 원하는 것의 제공유무를 결정하는 것은 아이의 분노감을 높이고, 부모와 아이와의 관계를 악화시키는 대표적인 양육행동이다. 게다가 자신도 모르게 하는 행동을 스스로 통제하도록 강요한다면 아이는 스스로를 무능력하다고 판단하고 오히려 자신에 대한 통제를 포기하고 무기력감에 빠지게 된다. 보상을 가지고 행동교정을 하려면, 손톱을 잘 간직해서 자란 정도에 따라 스티커를 주고, 스티커를 다 모으면 아이가 좋아하는 보상을 주는 등의 방법이 좋다.

"엄마는 우리 유나 마음이 많이 궁금해. 우리 서로 마음에 대해 이야기해 볼까?" (아이의 정서상태부터 확인하고 안정감을 찾아 주기)

손톱을 물어뜯는 것과 같은 행동은 심리적으로 불안과 긴장 수준이 높거나 분노감이 있을 때 해소하는 방법으로 자주 발생한다. 부부의 불화나 이혼, 엄한 훈육 등 환경적으로 아이의 불안감이 상승되는 일이 있었는지 살펴보고 아이와의 대화를 통해서 스트레스 받고 있는 일이나, 현재의 마음상태에 대해 나누어 보자. 불안을 유발하는 원인들을 함께 살펴보고 불안요인을 제거하는 것이 가장 중요하다.

"엄마랑 예쁘게 손톱 정리하는 놀이해 볼까?" (손톱을 청결하게 유지하고 돌볼 수 있도록 돕기)

손톱을 물어뜯는 행동을 자주 하다 보면 손도 망가지게 되지만, 손톱에 있는 세균 때문에 걱정이 더해질 수 있다. 손톱을 물어뜯는 행동은 하루아침에 고쳐지지 않기 때문에 일단 아이가 행동을 지속한다면 손의 청결을 유지해 주는 것이 좋다. 엄마와 함께 놀이형식으로 손톱을 예쁘게 꾸미거나 다듬어 예쁜 손톱을 유지하고 싶은 마음이 들게 해 주자. 남자아이들의 경우에는 손톱에 아이가 좋아하는 작은 캐릭터 스티커 등을 붙여 주는 것도 좋다.

"자, 우리 이 보드게임 할 때만 손톱 물어뜯지 말아 보자."
(합리적이고 제한적인 상황에서 행동을 수정해 보도록 격려하기)

　아이에게 무조건적으로 '하지 말라.'고 강요하면 아이도 어떻게 해야 할지 막막하다. 하루 종일 자신의 행동을 의식하고 관찰하며 통제해야 한다면 초조하고 불안하게 된다. 보드게임 한 판을 할 때까지, 블록을 다 맞출 때까지 등 아이에게 스스로 자신을 통제하고 행동을 신경 쓸 수 있는 합리적인 상황을 제시하자. 제한된 상황에서 아이가 무의식중에 손톱을 물어뜯는 행동을 보인다면, 윙크를 하는 등의 재미있는 둘만의 신호를 미리 정해 아이에게 신호를 보내 주자.

손톱 고깔 놀이

활동순서

❶ 워크시트에 있는 손톱 고깔 도안을 작성한다.

❷ 작성한 도안을 잘라서 손가락에 끼울 수 있게 고깔로 만든다.

❸ 만든 고깔을 손가락에 끼우고 놀이하면서 고깔 안의 내용을 부모와 나눈다.

알아두기

손톱을 물어뜯는 행동은 자신도 모르게 하는 경우가 많다. 무조건 행동을 제지하기보다는 언제, 어떤 상황에서 손톱을 물어뜯게 되는지, 물어뜯을 때 기분이 어떤지, 뜯고 난 후의 기분이 어떤지 여러 가지 상황에 대한 이야기를 자세히 나누며 우선적으로 그 행동에 대한 자각을 키우는 것이 좋다.

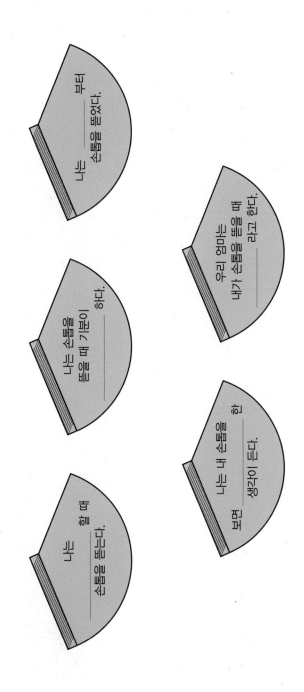

나는 _____ 부터 손톱을 뜯었다.

우리 엄마는 내가 손톱을 뜯을 때 _____ 라고 하신다.

나는 손톱을 뜯을 때 기분이 _____ 하다.

나는 내 손톱을 보면 _____ 한 생각이 든다.

나는 _____ 할 때 손톱을 뜯는다.

04

정서적
어려움을 보이는 아이

10. 엄마 껌딱지 - 분리불안

"엄마~ 나 혼자 두고 가지 마~!" 주원이는 오늘도 유치원을 데려다 준 후 뒤돌아서는 엄마한테 고래고래 소리를 지른다. 엄마는 하는 수 없이 주원이를 데리고 집으로 왔다. 벌써 한 달 가까이 유치원에 가지 못하고 있다. 눈물은 그쳤지만 주원이는 집에 와서 엄마 눈치만 보고 있고, 엄마는 답답한 마음에 주원이를 외면하고 방에 들어가 버렸다. 유치원에 가는 일로 매일 아침 엄마와 실랑이가 끊이지 않는다.

6세 주원이는 올해 처음으로 유치원을 다니기 시작했다. 4세부터 5세까지는 아파트 단지에 있는 어린이집에 다녔다. 사실 어린이집도 수월하게 다니지는 못했다. 갈 때마다 힘들어했고, 자주 어린이집에 가지 않고 집에 있었다. 유치원 입학을 할 때도 걱정을 하기는 했지만, 기관 생활이 처음도 아니고, 나이도 한두 살 더 들어 괜찮을 줄 알았는데 이렇게 엄마와 떨어지는 걸 힘들어할 줄은 상상도 못했다. 며칠 지나면 괜찮겠지 싶어 강압적으로 유치원에 두고 왔었는데, 그 이후로 더 엄마 껌딱지가 돼 버렸다. 이제는 엄마가 눈에 보이지 않으면 울기부터 한다.

주원이 엄마는 주원이가 태어난 후에도 계속 직장을 다녔고, 주원이가 어린이집에 들어갈 시기에 직장을 관두었다. 4세까지 일하는 이모님이랑 친할머니가 번갈아 가며 돌봐 주었다. 엄마 아빠는 아침에 잠깐 주원이를 보고 늦게 퇴근해서 자고 있는 모습을 보는 게 다였다. 엄마에게 지나치게 집착하고 떨어지기를 무서워하는 주원이를 볼 때마다 어려서 함께해 주지 못한 것 때문인 것 같아 자책감도 들지만, 24시간 엄마만 찾는 주원이 때문에 너무 지친다. 무조건 받아 주면 안 된다고 하며 어떻게 해서든지 유치원에 아이를 두고 오라고 하는 아빠와도 갈등이 많아졌다. 오늘도 아빠가 퇴근하면 유치원에 다녀왔는지 물을 텐데 뭐라고 해야 할지, 이런 상태에서 나중에 학교는 제대로 다닐 수 있을지 엄마는 걱정이 많다.

현장전문가에게 물어보세요

 01 | 왜 이렇게 엄마랑 떨어지기 힘들어할까요?

　부모가 아이를 너무 과잉보호하거나 모든 것을 다 알아서 미리 미리 해 주는 양육태도를 가졌다면 아이는 엄마 없이는 아무것도 할 수 없다고 느껴 엄마와 떨어지는 것을 불안해할 수 있다. 이와 는 반대로 부모가 아이에게 충분한 관심과 사랑을 주지 않거나, 상 대적으로 부모와 접촉하는 시간보다 혼자 있는 시간이 많았던 경 우에도 엄마가 떠날 것 같은 불안감으로 엄마에게 끊임없이 매달 리게 된다. 잦은 부부싸움이나, 부모의 이혼 등 불안정한 가정환경 도 아이가 버림받을 수 있다는 불안감을 증폭시켜 엄마에게 매달 리게 되는 원인이 될 수 있다.

 02 | 유치원 다니는 나이인데도 엄마한테 집착하는 거 괜찮은 건 가요?

　아이는 생후 3개월부터 3세까지 주양육자와 애착관계가 형성되 며 이 시기에 엄마나 주양육자와 떨어졌을 때 분리불안을 경험한다. 3세 정도까지 경험하는 분리불안은 자연스러운 현상이다. 그러나 이 시기에 엄마나 주양육자와 안정적 애착을 형성하지 못했다면 이후에도 지속적으로 엄마와 떨어지는 것을 힘들어할 수 있다. 아이가 지나치게 엄마에게 집착하고 떨어지는 것을 두려워하고 무서워한다면 분리불안일 수 있으니, 전문가를 찾아가 엄마와의 애착관계를 점검하고 상담을 받아 보는 것이 좋다.

 03 | 이럴 때 야단이라도 쳐서 보내야 되나요, 아니면 집에 데리고 있는 게 좋을까요?

아이가 '유치원에 가기 싫다.'고 했을 때 유치원 생활이 싫은 건지, 귀찮은 건지 아이의 마음상태를 먼저 살펴본 후에 등원 여부를 결정하도록 하자. 아이가 유치원이나 새로운 활동에 대한 거부가 있는 게 아니라 단지 엄마와 떨어지는 것이 무서운 거라면 엄마와의 관계를 안정적으로 하는 것이 우선이다. 시간이 좀 걸리더라도 천천히 신뢰를 쌓고 엄마에 대한 믿음을 먼저 가질 수 있도록 돕자. 엄마에 대한 신뢰가 쌓이게 된다면 억지로 보내려 하지 않아도 자연스럽게 새로운 환경에 대한 호기심을 갖게 될 것이다.

아이의 행동을 확인해 보세요

1) 이 정도면 부모의 관심이 필요해요.

● 엄마가 보이지 않으면 엄마를 찾지만, 엄마와 재회하면 금세 안정을 찾는다.

● 아침에 일어났을 때, 자기 전에 엄마를 꼭 찾는다.

● 방학이 끝난 후에 1~2주 정도 유치원이나 학교에 가기 싫어하고 엄마와 함께 있으려 한다.

● 종종 엄마나 주요 애착대상과 헤어지는 꿈을 꾼다.

2) 이 정도면 전문가와 상의가 필요해요.

● 엄마가 잠시 동안만 보이지 않아도 심하게 울거나 지나치게 걱정하며 불안 해한다. 엄마와 재회하여도 쉽게 안정을 찾지 못한다.

● 한순간도 엄마나 주요 애착 대상과 떨어져 있기를 싫어한다.

● 엄마와 떨어지는 것이 몹시 무서워서 지속적으로 학교나 유치원에 가지 않으려고 한다.

● 엄마가 죽거나 헤어지는 악몽을 자주 꾸고, 잠을 잘 이루지 못한다.

부모님의 행동을 확인해 보세요

"오늘도 또 유치원 안 가면, 엄마 다시는 볼 생각 하지마!" (협박
하며 무리하게 떼어 놓으려고 하는 것)

처음에 엄마랑 떨어지기 힘들어하는 건 당연하다. 하지만 아
이가 매일 아침 떨어지기 힘들어하며 등원전쟁을 한다면 엄마
의 불안과 걱정은 점점 커져만 간다. 힘들겠지만 지속적으로 하
다 보면 나아지겠지 하며 무조건 강압적으로 아이를 떼어 놓으
려고 하면 아이들은 극심한 두려움과 불안을 겪게 된다. 아이가
가장 무서워하고 두려워하는 상황을 조건으로 걸고, 억지로 아
이를 떨어트려 놓으려고 하면, 아이는 점점 더 엄마 눈치를 보
고, 혼자 떨어지는 용기를 내기 힘들어진다.

"이렇게 매일 엄마한테만 붙어 다니고 유치원 안 가면 다른
사람들이 너 바보인 줄 알아!" (수치심을 주고 비난하는 경우)

아이가 겪고 있는 마음상태는 무시하고, 엄마의 답답한 마음에
아이의 모습에 대해 비난하거나 수치심을 주게 되면 아이는 스스
로를 '창피한 사람' '바보 같은 사람' 이라고 인식하게 된다. 가장

가까운 사람으로부터 위축되어 초라한 자기상을 가지게 되면 새로운 타인이나 상황을 회피하고 싶은 마음이 더욱 커지게 된다.

"선생님도 있고, 친구도 있잖아. 도대체 자꾸만 뭐가 무서워?"
(아이의 마음/정서를 축소화하며 무시하는 경우)

엄마와 떨어지는 것을 힘들어하는 아이들 대부분이 '엄마와 떨어지는 게 무섭다.'고 표현한다. 이럴 때 엄마를 다른 대상으로 대체하며 무서워할 필요가 없다고 아이의 마음을 축소하는 것은 좋은 방법이 아니다. 아이의 감정을 무시하고 대수롭지 않게 넘겨 버리거나, 그렇게 느끼는 것이 잘못되었다는 인식을 심어 주게 되면 아이는 자신이 느끼는 감정에 대해 죄책감을 갖게 된다. 엄마나 중요 애착대상과 떨어지는 것이 무섭고 두려울 수 있다는 것에 대한 충분한 공감을 해 주고 그런 감정을 느끼는 것이 괜찮다는 것을 알려 준 다음에, 새로운 상황에 익숙해질 수 있도록 격려해 주는 것이 좋다.

2) 효과적인 양육행동

"엄마가 오늘은 유치원에 같이 있어 줄게." (엄마가 함께해 준다는 믿음을 주며 마음의 안정감을 주는 것)

아이가 지속적으로 엄마에게만 붙어 있기를 원하면, 한동안은 유치원에 같이 가거나, 아이가 하는 활동을 함께해 주며 안정감을 주는 것이 좋다. 유치원에서는 창문으로 엄마가 함께 있음을 확인시켜 주고, 외부활동 시에도 아이가 엄마를 바라볼 수 있는 곳에 있어 주자. 아이가 엄마를 쳐다보는 횟수가 줄어들고 활동에 몰입하는 시간이 길어지면, 1교시만 혼자 있어 보기, 1, 2교시만 혼자 있어 보기를 제안하며 엄마와의 분리를 조금씩 천천히 시도하는 것이 필요하다. 너무 서둘러 아이를 떼어 놓으려 하면 오히려 역효과가 날 수 있으니, 아이의 의견을 충분히 수렴하고 아이의 템포에 맞춰 가는 것이 좋다.

"엄마 금방 앞에 마트 다녀올 거야. 할머니랑 간식 먹고 있으면, 다 먹기 전에 올게!" (엄마의 부재에 대해 차근히 설명해 주기)

엄마와 떨어져 있어야 할 때, 엄마가 어디에 가고, 언제 돌아오는지 충분히 설명을 해 주어야 한다. 엄마가 없는 동안 누구와 함께 무엇을 하면서 있을지에 대해서도 아이와 의논하고 정하는 것이 좋다. 엄마가 언제 돌아올지에 대해 정확한 시간을 알려 주는 것이 가장 좋지만, 아직 시간 개념이 없는 아이들에게는 '간식을 다 먹을 쯤이면' '책을 한 권 다 읽고 나면' '낮잠을 자고 일어나면' 과 같은 사건을 이야기해 주면 이해가 쉽다. 엄마와 다시 재회했을 때, 아이에게 엄마가 약속한 시간에 돌아왔음을 상기시켜 줌으로써 잠시 떨어져도 엄마는 반드시 돌아온다는 신뢰를 갖도록 하자.

"일요일에 엄마 친구 가족이랑 다 같이 놀러 갈 거야." (엄마 이외의 사람들과 자연스럽게 어울릴 수 있는 기회를 제공해 주기)

엄마에게 지나치게 매달린다고 해서 엄마와 단 둘이 집에만 있거나 둘이 할 수 있는 놀이만 하면 안 된다. 아이가 바깥세상을 편안하게 느끼게 하려면 아이에게 새로운 사람과 새로운 환경에 적절히 노출시켜 주어야 한다. 엄마가 없는 상황에 익숙해질 때까지 엄마 아빠와 함께 새로운 환경과 새로운 사람들을 만나는 시간을 조금씩 늘려 보자. 엄마 아빠가 아이가 익숙하지 않은 타인과 잘 어울려 지내는 모습을 보여 주는 것도 세상과 타인에 대한 불안을 낮추는 데 도움이 된다.

5분 양육
tip

엄마와 만나는 시간은 몇 시?

활동순서

❶ 짧은 시간부터 조금씩 엄마와 떨어지는 연습을 한다.

step 1. 눈을 가리고 있거나, 뒤돌아서 있다가 3을 세고 엄마랑 만나기

step 2. 눈을 가리고 있거나, 뒤돌아서 있다가 10을 세고 엄마랑 만나기

step 3. 엄마와 다른 방에서 '생일축하' 노래를 다 부르고 엄마를 만나러 나오기

step 4. 엄마와 다른 방에서 '생일축하' 노래를 두 번 반복해서 부르고, 엄마를 만나러 나오기

step 5. 혼자 방에서 짧은 동화책 읽고 나오기

★ 추가적으로 step을 만들어 연습하는 것도 좋다. 아이가 혼자 있기를 편안하게 느끼는 정도를 잘 파악하여 떨어져 있는 시간을 조금씩 늘리는 것이 좋다.

❷ 평소 '1번'의 놀이를 충분히 반복한 후, 엄마와 떨어지는 것에 대한 연습을 한다. 엄마와 떨어지는 상황에 대해 설명한 후, 뒷장의 워크시트에 있는 시계모양에 엄마가 돌아올 시간을 그려 주고, 약속시간을 정한다.

❸ 엄마가 약속시간을 지켜 돌아왔다면, 엄마 스티커판의 확인란에 아이가 스티커를 하나씩 붙여 줄 수 있도록 한다.

엄마와 떨어지기 싫어하는 아이들은 엄마의 부재나 엄마가 언제 돌아올지에 대한 예측이 불가능할 때 더욱 불안을 느끼게 된다. 엄마가 언제 돌아오는지, 엄마가 언제 없는지 등에 대해 예측하게 해 주고, 엄마와 함께 있을 동안 충분히 안정감을 느끼며 신뢰를 쌓는 것이 좋다.

워크시트

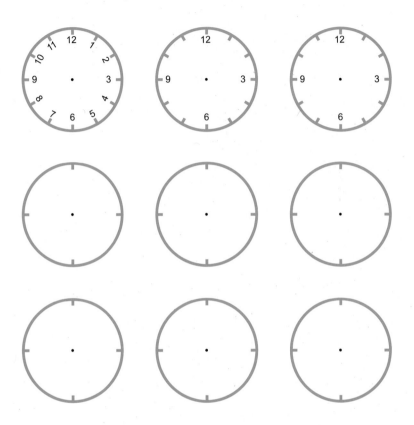

엄마 스티커판

월 일	월 일	월 일	월 일	월 일	월 일	월 일	월 일	월 일
확인란	확인란	확인란	확인란	확인란	확인란	확인란	확인란	확인란

11. 슬픈 나무늘보 – 우울·무기력

"형아, 형아~ 오늘은 제발 나가서 놀자~. 응? 응?" 초등학교 3학년 지훈이는 오늘도 나가서 놀자고 하는 동생의 요청을 거절한다. 한 번쯤은 엄마 대신 동생을 데리고 나가 줬으면 하는데 지훈이는 영 나가서 놀지 않는다. 학교 수업시간에도 멍하게 앉아 있거나, 선생님의 질문에는 거의 대부분 "몰라요."로 대답한다. 수업 중 과제가 있으면 그냥 짝꿍이 하는 걸 그대로 따라 하거나, 간혹 시도하더라도 하다가 쉽게 포기하고 만다. 원래 내성적이고 활발한 편은 아니었지만, 전학 후 급격히 무기력해진 지훈이 모습에 엄마는 걱정이 많다. 물어도 잘 대답하지 않아 엄마는 지훈이 마음을 통 알 수가 없다.

작년까지 지훈이 가족은 외조부모와 함께 살다가 분가했다. 맞벌이로 부모가 모두 바빠 지훈이와 두 살 터울인 지훈이 동생 모두 외할머니가 돌봐 주었다. 외할머니는 지훈이를 예뻐하고, 원하는 걸 다 들어주는 편이었다. 지금은 엄마가 일을 그만두고 집에서 아이들을 돌본다. 성격이 급하고, 뭐든지 시원시원한 엄마는 조금 느리고, 조용한 지훈이를 매일같이 채찍질한다. 엄마가 미리미리 짜놓은 하루 일과, 일주일 계획이 빡빡하다. 엄마도 지훈이가 따라가기 벅차다고 생각하지만, 또래아이들을 따라가려면 어쩔 수 없어 자꾸만 시키게 된다. 엄마가 시킬수록, 지훈이는 더 하지 않으려 하고, 자꾸만 "못 하겠다."고 한다. 두 살 아래 동생은 지훈이보다 밝고 에너지가 많아 항상 엄마의 칭찬을 받는다. 엄마도 그러면 안 되는 걸 알지만, 종종 지훈이가 답답할 때 동생과 비교하게 된다.

이사 온 후, 새로운 환경에 적응하는 것은 엄마에게도 버거운 일이었다. 이럴 때 잘 따라와 주는 작은 아들보다 자꾸 할머니만 찾는 큰 아들이 안쓰럽기도 하며 한편으로는 서운하기도 하다. 얼마 전 지훈이가 "할머니 집으로 다시 이사 가는 게 소원이다."라고 이야기해 "그럴 거면 할머니네 집 가서 살어!"라고 하며 버럭 화를 낸 게 엄마도 마음에 많이 걸린다.

지금은 한 달에 두 번 정도 할머니 댁에 놀러 간다. 할머니를 만나면 지훈이는 이유 없이 눈물을 흘리고 헤어지기 전에 할머니께 안겨서 떨어지지 않아 엄마는 이제 할머니댁을 찾는 것도 불편하다.

현장 전문가에게 물어보세요

 01 | 무기력한 우리 아이, 우울한 걸까요?

아이가 무기력한 모습을 보인다고 해서 무조건 소아우울증이라고 단정하기는 어렵다. 아이들의 우울증은 무기력한 태도로 나타날 수도 있지만, 산만하거나 과민한 반응으로도 나타날 수도 있기 때문이다. 발표된 연구에 의하면 12세 미만의 아동의 우울증은 2% 이하로 보고하고 있지만, 청소년기에 접어들면 우울증 발생은 급증한다고 한다. 아이가 무기력한 태도를 보인다면, 우울증이라고 쉽게 단정 짓거나, 반대로 괜찮겠지 하며 별거 아닌 듯 그냥 넘어가지 말고, 일단 시간을 가지고 아이의 심리상태를 꾸준히 관찰하고 관심을 갖도록 하자.

 02 | 한창 밝고 에너지 넘칠 나이인데, 왜 이렇게 아무것도 하기 싫어하는 걸까요?

이러한 행동에는 여러 가지 이유가 있을 수 있다. 평소 성취경험보다 좌절경험이 많다면, 아이는 더 이상 새로운 것을 시도하고 싶어 하지 않는다. 아이의 능력을 넘어서는 과제가 많지는 않은지,

너무 결과를 중요시한 건 아닌지, 한 번 돌아보자. 또래관계나 엄마와의 관계가 원만하지 않거나, 갑작스러운 환경변화로 스트레스가 높아진 상태일 수도 있다. 아이가 의욕이 없거나 무기력한 것은 아이가 심리적 어려움을 겪고 있다는 신호일 수 있으므로 아이의 심리상태와 환경부터 살펴보자.

Q 03 | 어떻게 하면 아이가 무기력감에서 벗어날 수 있을까요?

아이를 초등학교에 보내고 나면 엄마들은 아이에 대해서 기대가 커지고 마음도 조급해진다. 게다가 기대와는 다르게 지훈이처럼 아이가 무기력한 모습을 보이면, 우리 아이가 잘할 수 있는 게 과연 있기나 할까 하는 초조한 마음에 사로잡힌다. 어른들도 심리적으로 피곤하거나 힘이 들면 아무것도 하기 싫다고 느낄 때가 많다. 아이들도 마찬가지로 불안하거나 우울하거나 심리적으로 불안정하면 자신이 가지고 있는 충분한 능력치를 발휘하기 어렵다.

아이가 잘할 수 있는 것을 급하게 찾아 주려고 하기보다는 평소 아이를 잘 관찰하여 아이의 마음을 먼저 살피는 것이 좋다. 마음이 안정되어야 흥미나 관심사를 들여다 볼 여유가 생긴다.

'실패가 두려워요.'

기운이 없고 힘이 드는데, 해야 할 것은 많고, 부모의 기대까지 느껴진다면 아이들은 어떻게 할까? 몇 번의 시도를 반복하고 원하는 기대치에 도달할 수 없음을 깨닫고, 시도해서 실패하느니, 안하고 회피하는 것이 쉽다는 믿음을 갖게 되기 쉽다. 지훈이 엄마처럼 아이의 일과를 벅차게 강요하고 있어 '못 해내겠다.'는 생각이 많아지면 아이는 자신이 무능력하다는 것만 지속적으로 알아 갈 뿐이다. 아이와 일과를 함께 정하고 언제나 조율할 수 있다는 가능성을 알려 주는 것이 중요하다.

'엄마는 내 마음 몰라.'

지훈이의 경우, 허용적이고 편안하던 할머니와 떨어져 살게 되며 환경적으로 큰 변화를 겪었다. 마음의 상실감도 크고, 우울한데 마음을 다스릴 겨를도 없이 엄마는 지속적으로 무엇인가 시키고 지적하기만 한다. 아이의 속마음도 모르고 계속 시키기만 한다면, 엄마에 대한 신뢰감이 떨어지고 관계만 악화될 뿐이다.

아이의행동을 확인해 보세요

1) 이 정도면 부모의 관심이 필요해요.

- 때때로 혼자 할 수 있는 일을 엄마에게 부탁하거나 귀찮아한다.
- 아침에 등교할 때 일어나기 힘들어하고, 낮잠을 자거나, 하루 일과를 마치고 피로감을 표현한다.
- 일주일에 한두 번 짜증을 내거나 화를 낸다.
- 식사량이 또래보다 적고 입이 짧은 편이다. 좋아하지 않는 공부를 할 때 수행이 다소 늦어지고, 딴짓을 한다.

2) 이 정도면 전문가와 상의가 필요해요.

- 아주 작은 일상적인 일에도 상당한 노력이 필요하고, 수행하는 능률이 현저하게 떨어진다. (예를 들어, 학교 갈 준비를 할 때 옷을 입거나, 세수하는 것이 힘겹게 느껴지며, 평소보다 2배 정도 시간이 걸린다.)
- 말수가 적어지고, 좋아하던 놀이에도 흥미가 떨어지고 지속적으로 피곤하다, 졸리다, 쉬고 싶다는 표현을 자주 한다.
- 사소한 일에 대해서 평소보다 쉽게 짜증을 내거나, 갑자기 분노를 표출하

거나 울음을 터트린다.

● 식사를 거부하는 일이 많거나, 식사량이 줄어들고, 체중의 감소를 보이거나 연령대에 맞는 체중증가를 보이지 않는다.

● 2주 이상 학습의욕이 현저하게 떨어지고, 멍하게 앉아 있을 때가 많으며, '못하겠다.'고 호소할 때가 많다.

부모님의 행동을 확인해 보세요

1) 멈추어야 할 양육행동

"또 자? 넌 왜 이렇게 늘 게으르니!" (무기력한 모습에 대해 비난하기)

무기력한 아이들이, 잠을 많이 자거나 자주 엎드려 있는 것은 실제로 기운이 없고 아무 힘이 나지 않아서 일 때가 많다. 그러나 많은 엄마들이 아이가 게으르다고 생각하거나, 의지가 없다고 판단하여 그런 모습을 비난하는 경우가 많다. 지적과 비난이 많아지면 아이는 자신의 모습을 돌아볼 기회는 놓치게 되고 마음속에 우울감만 늘어날 뿐이다.

"다른 애들은 힘들어도 다 해! 너만 왜 이렇게 힘들고 하기 싫어?" (다른 사람과 비교하면서 힘들어하는 모습을 다그치기)

아이가 지속적으로 무기력감을 보이면 지훈이 엄마처럼 답답한 마음에 다른 아이들과 비교하기 쉽다. 비교가 무기력감을 없애는 좋은 자극이 될 거라고 착각하는 경우가 종종 있지만, 이것은 오히려 아이를 더욱 위축되게 만들고 분노감을 키우는 독이 될 수 있다. 아무리 아이가 답답하고 이해가 가지 않는 경우라도, 감정적으로 아이에게 상처가 되는 말은 하지 않는 것이 좋다. 만약 무기력한 아이의 태도 때문에 속이 상하다면, 아이의 마음과 상황을 충분히 이해하고 있음을 전달하고, 감정적으로 대응하기보다 진심을 담아서 이야기하듯 엄마의 속마음을 전달하자.

"100점 맞으면 원하는 거 사 줄게!" (조건을 달아서 아이의 행동을 억지로 바꾸기)

조건부로 아이의 행동을 고치려는 것은 겉모습만 바꾸려는 임시방편에 불과하다. 잠시 동안은 효과가 있을 수 있으나, 아이의 모습을 더욱 악화시킬 수 있기 때문에 좋은 방법이 아니다. 무기력한 아이들의 경우, 조건 때문에 잠시 힘을 내서 해 보려고 시도할 수 있으나, 조건이 사라지면 다시 무기력해지고 의욕을 상실할 수 있어 근본적인 무기력감을 해소할 수는 없다. 만약 부모가 제시한 조건을 해낼 수 없다고 느끼면 무기력감만 더욱 늘어날 뿐이다.

"많이 피곤하니? 얼굴이 많이 지쳐 보이네." (피곤하고 무기력한 모습에 대해 알아 주고 공감해 주기)

아이가 지속적으로 무기력하고 아무것도 하기 싫어한다면, 일단 아이의 건강상태, 마음상태, 주변환경부터 살펴보아야 한다. 병원에서 우선적으로 건강상태를 확인하고, 아무 이상이 없다면 아이의 환경을 살펴보자. 의외로 학원 일정만 조정하여도 괜찮아지는 경우가 많다. 건강상에도 아무 문제가 없고, 환경을 조정했는데도 아이가 여전히 무기력하다면, 마음이 힘들 가능성이 높다. 아이와 지속적으로 소통하여 아이의 마음상태를 파악하고 엄마에게 마음을 털어놓을 수 있도록 도와주자. 우울하거나 무기력한 상태가 오래 지속된다면 소아우울증일 수 있으니 전문상담가에게 도움을 요청하는 것도 좋다.

"오늘 기분이 별로 안 좋아 보이는데, 기분이 어때? 엄마가 도와줄 수 있는 게 있을까?" (적극적으로 부모가 도와줄 수 있음을 알려 주고 개입하기)

아이가 무기력하거나 우울해 보일 때, 평소보다 더 관심을 갖고 감정에 대해 물어봐 주는 것이 필요하다. 이런 질문은 아이 스스로 감정을 추측하고 알아차릴 수 있도록 돕는다. 막연하게 기분이 안 좋을 때보다, 이유를 알고 감정에 대해 잘 이해하고 있다면, 그 이후에 기분을 좋게 하기 위해 할 수 있는 것들을 찾아내는 것이 훨씬 수월하기 때문이다. 아이가 감정에 대해 이야기할 때 감정을 먼저 단정 짓거나, 고치려는 태도보다는 엄마에게 언제든지 털어놓아도 되며, 항상 곁에서 도와줄 준비가 되어 있다는 사실을 알려 주는 것이 좋다.

"기분이 좋을 수도 있고, 피곤할 수도 있고, 원래 그럴 수 있어. 괜찮아." (아이가 느끼는 무기력감에 대해서 자책하거나 죄책감을 가지지 않게 토닥여 주기)

아무것도 하고 싶지 않고, 귀찮아하는 행동에 대해 아이도 자신이 잘하고 있지 못하다는 것을 알고 있다. 게다가 다른 친구들은 그렇지 않은데 유독 나만 슬프고, 우울한 감정들이 올라오는 것에 대해서도 죄책감을 느끼기 쉽다. 이럴 때일수록 부모가 '그럴 수도 있어. 괜찮아.' 라는 여유 있는 태도를 갖는 것이 좋다. 무슨 일이 있어도, 어떤 상황에서도 엄마 아빠가 무조건 사랑한다는 사실을 깨닫게 되면 아이의 마음이 더욱 여유로워지고 힘이 생기게 된다.

아이가 하루 동안 있었던 다양한 일들을 엄마와 함께 떠올려 보고, 그 일들에 대한 점수를 매겨 보도록 한다. (예: 아주 기분 좋은 얼굴, 조금 즐거운 얼굴, 보통인 얼굴, 지루한 얼굴, 아주 재미없고 무기력한 얼굴 등) 재미있었다고 느꼈던 일들은 무엇이었는지 확인해 보고, 엄마와 이야기 나누어 본다.

만약 아이가 재미있었던 일이 없다고 하거나, 무기력한 얼굴을 많이 골랐다면, 아이가 좋아할 만한 활동목록들을 엄마가 미리 준비해서 아이가 골라 볼 수 있게 해 주자. 즐겁게 할 수 있는 활동들이 얼마나 재미있을지에 대해 미리 얼굴표정으로 점수를 매겨 보게 하여 그 활동에 대한 아이의 흥미나 관심이 높아질 수 있도록 도와주자. 주말이나, 여유시간에 아이가 고른 활동들을 함께하며 시간을 보내자.
(활동목록의 예: 자전거타기, 공놀이, 보드게임하기, 클레이 만들기, 엄마와 함께 장보기, 주먹밥 만들기 등)

Level 1. 아무거나 말하기 게임

❶ 아무 말이나 적혀 있는 카드를 무작위로 뽑아 적혀 있는 주제에 대해
서 말하거나 게임하는 것이라고 아이에게 설명한다.

❷ 워크시트에 'Level 1.' 단어카드를 자른다. 이때 빈칸으로 되어 있는
단어카드도 함께 자른다.

❸ 빈칸으로 되어 있는 단어카드에는 아무거나 떠오르는 단어나 쉽게 할
수 있는 게임 등 아이가 적고 싶은 것을 자유롭게 적어 넣을 수 있도
록 한다. 이때, 아이가 쓰고 싶지 않다고 하면, 쓰지 않아도 된다.

❹ 준비된 카드를 모두 접은 후, 무작위로 제비뽑기를 한다.

❺ 제비뽑기를 해서 나온 주제에 대해 아이와 자유롭게 이야기한다.

Level 2. 아무거나 행동하기 게임

❶ 'Level 1.'의 '아무거나 말하기 게임'을 아이가 부담 없이 했다면, 약
간의 움직임이 들어간 '아무거나 행동하기 게임'을 함께해 보자.

❷ 워크시트에 'Level 2.' 단어카드를 자른다. 이때 빈칸으로 되어 있는
단어카드도 함께 자른다.

❸ 빈칸으로 되어 있는 단어카드에는 아무거나 떠오르는 단어나 쉽게 할
수 있는 게임 등 아이가 적고 싶은 것을 자유롭게 적어 넣을 수 있도
록 한다. 이때, 아이가 쓰고 싶지 않다고 하면, 쓰지 않아도 된다.

❹ 준비된 카드를 모두 접은 후, 무작위로 제비뽑기를 한다.

❺ 제비뽑기를 해서 나온 활동에 대해 아이와 함께 재미있게 놀이한다.

무기력한 아이들에게는 사소한 일이라도 힘을 들여 해야 한다.는 것 자체가
부담일 수 있다. 무리하게 해야 할 것들을 피하고, 사소하고 별 거 아닌 것부
터 조금씩 해 보도록 격려하는 것이 중요하다. 게임을 진행할 때도 너무 진지
하기보다는 조금은 엉뚱하고 재미있게 끌고 나가는 것이 좋다.

Level 1. 카드

학용품	과자	
계절	번갈아 가며 나라 이름 말하기	
기분	스무고개	
숫자	끝말잇기 게임	
동물	노란색이 들어간 물건, 사물, 동물 말하기	

Level 2. 카드

물 마시고 오기	엄마 얼굴에 점 세기	
보드게임 하기	가위바위보 해서 이긴 사람 소원 들어주기	
냉장고에 뭐 있는지 확인하고 오기	엄마랑 함께 쌀씻기	
화장실 비누 색깔 맞히기	'ㄱ' 들어간 물건 5개 찾아오기	
방 안에 빨간색이 들어간 물건 찾아보기	우리 집 초인종 누르고 오기	

12. 기억의 아픔에 갇힌 아이 – 트라우마

사례 여덟 살 재영이가 방학을 맞아 시골에 있는 친척집에 엄마와 다섯 살짜리 동생과 함께 놀러갔을 때였다. 작은 막대기 하나를 지팡이 삼아 마을길을 걷는 도중 어느 집 앞에 길다란 줄에 묶여 있던 개 한 마리와 마주치게 되었다. 평소 개를 좋아하던 재영이는 "왜! 멍멍이다."라고 소리치며 막대기를 머리 위로 휘두르며 그 개에게 다가갔다. 머리를 쓰다듬기 위해 허리를 숙이는 순간, 그 개는 이를 드러내며 아이의 얼굴을 향해 달려들었다. 날카로운 이빨에 뺨이 찢어져 피를 흘렸고 놀란 엄마는 소리를 지르며 달려와 개를 쫓아내고 아이를 끌어안았다.

소리를 듣고 개 주인이 달려 나왔으나 흥분한 개는 놀란 아이들을 향해 계속 짖어댔다. 황급히 친척집으로 돌아와 소독을 하고 찢어진 부위를 수건으로 지혈한 후 응급실로 향했다. 다행히 부상이 크지 않아 5바늘 정도 꿰매고 붕대를 감는 것으로 처치는 끝났다. 하지만 이 과정에서 재영이는 비명을 지르며 고통을 호소했고, 아이의 고통은 이것으로 끝나지 않았다. 상처는 재영이의 찢긴 피부에만 있는 것이 아님을 부모는 직감할 수 있었다. 이러다 학교 적응이나 더 큰 문제로 발전하지 않을지 부모는 걱정이 이만저만이 아니다.

"으앙! 무서워." 재영이는 사고 이후 공포를 호소하며 밤마다 오줌을 싸고 손가락을 빠는 등 평소 보이지 않던 행동을 하기 시작했다. 이런 문제는 잠을 자는 시간까지 이어져 불안하다며 쉽게 잠들지 못하고 악몽에 소리를 지르며 잠을 깨기도 했다. 병원에 소독을 하러 갈 때마다 가벼운 통증에도 거의 손을 댈 수 없을 만큼 엄살을 피웠고 사소한 자극에도 극도로 민감한 반응을 보이게 되었다. "학교 안 갈래, 길에서 또 개가 나타날 것 같아!"라며 다시 개가 나타날지 모른다는 생각에 집 밖에 나가는 것을 거부하고 있다.

현장 전문가에게 물어보세요

외상후 스트레스 장애(PTSD)가 정신장애의 분류에 포함된 계기는 베트남전에 참전했던 군인들이 겪었던 여러 가지 심리적 증상 때문이었다. 그러나 전문가들이 연구를 진행하자 참전 군인들이 보인 것과 같은 만성적 증상과 삶의 붕괴 현상이 전쟁터가 아닌 일반적 삶의 테두리 안에서도 흔하게 일어고 있음을 알게 되었다. 다시 말해, 트라우마는 전쟁이나 재해와 같은 흔치 않은 예외적 사건보다 일상적 사건들 속에서 더 많이 벌어지는 것이다.

다음과 같은 것들도 아이들이 겪을 수 있는 트라우마가 된다.

◇ 부모의 잦은 부부싸움 혹은 가정폭력을 당하거나 목격하게 되는 것
◇ 체육시간에 철봉에 팔이 끼어 부러지는 것과 같은 운동 중 심각한 부상
◇ 갑작스러운 질환이나 화상으로 응급실을 찾게 된 어린 시절의 수술경험

◇ 어처구니없는 이유로 약속했던 선물을 받지 못했거나 원하는 학교의 진학에 실패 하는 등의 매우 실망스러운 사건

◇ 급우들 앞에서 모욕적인 말을 듣거나 체벌을 받는 등의 수치심을 유발하는 사건

◇ 또래집단으로부터 버림받거나 왕따를 당하는 것과 같은 중요한 관계의 상실

 02 | 이런 일들은 얼마나 많은 아이들이 겪고 있을까요?

전체 아동의 5~10%는 평생 1회 이상 외상후 스트레스 장애를 겪는 것으로 알려져 있다. 재난 사후 대책 시스템에서 심리학자들이 장기적이고 체계적으로 개입하기 때문에 비교적 정확한 자료가 제시되고 있는 미국의 예를 살펴보면, 1992년 미국 플로리다 지방을 강타해 막대한 피해를 입혔던 허리케인 앤드류를 겪었던 아이들 중 30% 정도가 심각한 증상을 보였다. 우리나라의 경우 대구지하철 사고나 세월호 사건의 생존자들 중 상당수가 당시의 고통에서 벗어나지 못해 수년간에 걸쳐 적응의 어려움을 보이고 심리치료를 받고 있다.

03 | 시간이 지나면 저절로 잊어버리지 않을까요? 굳이 해결하려 노력하다가 상처가 덧나듯 문제가 더 커지는 건 아닌가요?

외상적 사건 후 증상이 나타나지 않았다고 안심할 수 있는 것은 아니다. '지연된 PTSD' 증상도 있기 때문이다. 어떤 경우에는 심지어 몇 년까지도 아무런 증상이 나타나지 않다가 원래의 외상적 사건과 유사한 상황에 노출되었을 때 갑자기 외상후 스트레스 장애 증상이 나타나기도 한다. 시간이 지나면서 증상이 감소하기는 하지만 12%의 아이들은 1년 후에도 심각한 증상을 유지하고 있었다는 보고가 있다. 증상이 회복되었다고 보고한 아이들조차도 거의 대부분은 최소한 10개월간은 외상후 스트레스 장애 증상 중 하나 이상을 호소하고 있었다. 만일 이 아이들에게 체계적이고 전문적인 치료가 제공되지 않았다면 이 사건은 평생 동안 지속되는 만성적 정신질환이 될 수도 있다.

04 | 성인기 트라우마와 아동기 트라우마는 어떻게 다른가요?

트라우마는 사실 성인들도 견딜 수 없는 사건들이 대부분인데 만일 어린아이가 트라우마를 겪게 된다면 그 영향의 정도는 이루 말할 수 없을 만큼 압도적이다. 할 수 있는 일이라곤 비명을 지르며 우는 것밖에 없기 때문이다. 이 과정에서 적절한 개입이 제공되지 않으면 부모와 양육자에게서 완전히 버림받은 느낌을 받게 되고 이러한 고립감은 또 다른 문제를 야기하게 된다. 최악의 상황에서 자신에게 아무도 손을 내밀지 않았다(혹은 못했다)는 사실은 트라우마만큼이나 충격적인 경험이기 때문이다. 도미노 게임과 같이 하나의 사건은 그 다음 단계의 인생사건에 체계적으로 영향을 끼쳐 결국에는 인생 전반에 영향을 미친다. 정서적 손상은 말할 것도 없고 때로 생리적 손상도 발생하게 된다. 특히, 어린 아동의 경우 뇌가 성장 중이기 때문에 트라우마는 뇌의 특정 기능에 심각한 영향을 미칠 수 있다. 예를 들어, 위협에 반응하는 부위가 과도하게 예민해져 소음과 같은 외부자극에 취약해지고 주의력이 심각하게 저해되는 등의 문제를 겪을 수 있다.

아이의 행동을 확인해 보세요

1) 이 정도면 부모의 관심이 필요해요.

● 최근에 스트레스를 겪어서 힘들어하지만 처음 겪어서 그럴 뿐 아이가 감당할 수 있는 수준의 것이다. 사건에 대해 비교적 자유롭게 얘기하고 무섭다는 표현도 자연스럽게 할 수 있다.

- 다소 큰 스트레스를 겪어 우려가 되었지만 1~2개월 안에 회복이 되었고, 아이가 여기에 대해 더 이상의 어려움을 호소하지 않고 있다. 같은 장소나 시간대에 노출되어도 크게 어려워하지 않는다.
- 스트레스를 겪은 후 다소 무기력해졌지만 아이가 일상생활을 하는 데 문제가 없고, 주변 자극에 대한 관심에 큰 변화가 없다.

2) 이 정도면 전문가와 상의가 필요해요.

- 실제적이고 위협적인 죽음, 상처, 생존에 위협을 일으키는 사건에 직면하거나 목격했고, 이 사건에 대해 격렬한 공포와 무기력, 불안을 경험했다. 소위 '기겁했다'는 표현에 맞는 강도의 불안을 표현했다.
- 사건 이후 이미지, 사고, 지각의 형태로 강제적으로 재경험되며 때로는 그 사건이 반복되는 것처럼 행동하거나 느낀다. 이 사건이 기억될 만한 단서에 노출되었을 때 격렬한 심리적·생리적 고통을 호소한다.
- 이상의 결과로 특정 장소를 피하고, 일상생활의 흥미가 급감하며, 사건의 전부 혹은 일부를 기억하지 못하게 되고, 정서적 경험이 축소되며, 수면, 집중 등에 문제를 경험한다.

부모님의 행동을 확인해 보세요

1) 멈추어야 할 훈육방법

"쉿! 그 얘기는 안 하기로 했잖니!" (감정을 억제하기)

감정에 대한 억압은 더 큰 정서적 문제를 유발한다. 특히 부모를 포함한 주변 성인들이 쉬쉬하며 눈치를 주는 경우, 아이는 이것을 결코 드러내면 안 되는 사건으로 인지하고 자신의 감정에 대해 부적절감을 느낀다.

"그건 니가 정신력으로 이겨 내야지, 이제 와서 어떻게 하니!" (비난하기)

비난은 아이에게 죄책감을 유발하거나 감정을 드러내지 못하게 만든다. 이런 식의 부모 반응은 일종의 비난으로 받아들여지며 그 사건이 자신의 의지와 아무런 상관이 없음에도 아이는 마치 자신 때문에 일어난 것처럼 인식할 수 있다. 또한 사건을 경험했을 때 느꼈던 무력감이 지속되며 자신이 당시 도움을 받지 못했을 뿐만 아니라 이후에도 아무도 자신을 돕지 않을 것이란 생각에 절망감을 경험하게 된다.

"오늘부터 아무것도 안 해도 되니까 집에서만 있자."(회피와 고립)

안전한 느낌과 더불어 일상적인 생활을 유지하는 게 중요하다. 아이를 보호하려는 생각에 그동안 규칙적으로 해 왔던 일들을 중단시키게 되면 아이는 오히려 고립감을 느끼고 주변인들과 자연스럽게 상호작용하며 격려와 위로를 받을 기회를 상실하게 된다. 또한 혼자 있는 시간을 길게 만들면 우울감이 유발되고 이를 피하기 위해 아이는 게임이나 TV 등에 과도하게 의존할 수 있다.

2) 효과적인 훈육방법

"놀랐구나, 괜찮아 아빠가 어떤 일인지 설명해 줄게."(지지적으로 설명하기)

주로 사건 초기에는 사건에 대한 설명이 필요하다. 자신의 감정을 표현하고 자신의 반응이 정상적이라는 것을 이해하고 이후에 어떻게 대처해야 하는지 배울 수 있다. 이러한 사건이 전후 맥락이 있고, 자신의 의지와 전혀 무관하게 발생한 것이며, 누구에게든 일어날 수 있고 공동의 노력을 통해 이겨 낼 수 있다는 것을 이해시켜야 한다.

"언제든 괜찮으니까 힘든 기억이 떠오르면 얘기하렴, 울어도 괜찮아, 엄마한테 기대." (자유롭게 감정 표현하기)

자신의 감정을 자유롭게 표현하고 공감과 지지를 받는 경험이 필요하다. 괴롭고 힘든 감정이 정상적이며 충분히 표현해도 괜찮고, 주변인들이 있는 그대로 받아 줄 수 있다는 메시지를 전달한다. 정서표현은 깊은 이완감을 유도하고 주변 성인의 도움을 받아 극복할 수 있다는 안도감을 느끼게 해 준다.

"이제부터 엄마 아빠도, 선생님도, 친구들도, 이웃들도 모두가 널 지켜 줄 거야, 걱정하지 마." (공동체의 지지 경험)

트라우마를 겪은 아이 중 '다시 엄마 배 속에 들어가고 싶어.' 식의 반응을 하는 아이들이 있다. 이렇게 스트레스 사건으로 인해 고립감과 두려움을 느끼는 아이들에게 공동체의 존재와 지지는 마치 모태와 같은 역할을 한다.

수호천사 만들기

활동순서

❶ 먼저 아이에게 이번에 겪은 일이 아이의 잘못이 아니며 반드시 주변에서
아이를 돕고 같은 사고를 막아 줄 사람이 있다는 것을 인식시킨다.

❷ 아이를 도울 수 있고 아이가 원할 때 도움을 제공할 수 있는 사람들의
리스트를 만들고 천사 목록에 포함시킨다. 가능한 연락처를 기록하는 것
도 좋고 그 사람에게 어떤 도움을 받을 수 있는지도 기록한다.

05

학습에
어려움을 보이는 아이

13. 공부 빼고 다 재미있는 아이 - 학습동기

"재미 하나도 없어! 도대체 학습지는 왜 매일 해야 하는 거야!
안 해, 나가서 놀 거야." 건강하고 씩씩해 보이는 인상의 진모는
오늘도 엄마와 숙제 문제로 실랑이를 벌인다. "학원 선생님이 3학
년 되면 수학 어려워진다고 지금부터 셈 연습해야 한다고 했어! 엄마하고 매일

두 장씩 풀기로 약속했잖아. 너 이거 다 안 풀면 게임 CD 안 사 줄 거야. 알아서 해!" 일주일 동안 선생님이 내 준 숙제를 다 해야만 좋아하는 게임 CD를 사 주기로 했던 약속 얘기가 나오자 진모는 더 짜증이 났다. "그럼 나 숙제 안 하고 CD 안 받을 거야! 안 해!"

진모가 처음부터 공부를 이렇게 싫어한 것은 아니다. 전에는 스토리텔링 문제를 내 주면 흥미를 보이고 좋아했던 적도 있고 과학같이 실험도 해 보고 주변에서 어떤 현상을 찾아 적용하는 것에도 관심을 많이 보였다. 하지만 가르쳐 보면 쉬운 것도 자꾸 실수하고 다른 아이들은 아무렇지도 않게 하는 기초셈의 속도가 빠르지 못했다. 특히, 지난달 수학 학원을 다니면서부터 더욱 공부에 흥미를 잃기 시작했다. 다음 학년을 준비하는 과정이 포함되면서 내용이 어렵다고 짜증이 더 많아졌다. 학원 선생님은 기본 암산과 풀이 연습을 하는 게 중요하다며 반복학습으로 구성된 학습지를 권했고, 진모의 학습 과정에 다소 불안을 느꼈던 엄마는 일단 선생님 말을 믿고 하루에 두 장씩 분량을 정해 문제 풀이 훈련을 시키기로 마음먹었다. 단순한 과제의 반복으로 어렵지는 않지만 한 페이지에 덧셈 및 뺄셈 문제가 25개씩 들어 있어 다 합하면 100문제를 풀어야 하는 것이다. 다른 아이들도 다 이 정도는 한다는 학원 선생님의 말에 하루도 거르지 않고 기본 연산을 훈련시키기로 마음먹었다. 하지만 진모의 숙제를 도와주다 보면 계속 갈등이 생기고 서로 짜증 내는 일이 많아져 진모에게 맡기고 문 밖에서 기다리기로 했다.

하지만 살짝 문을 열고 들여다보면 점점 멍하게 앉아 있는 시간이 길어지고 있었다. 평소 말을 똑 부러지게 하는 스타일이라 주변 사람들은 진모가 똑똑하다고 평가하고 있어 집에서 공부 때문에 이런 문제를 겪고 있다는 것을 밖에서는 말할 수도 없었다. 엄마는 자꾸만 이런 태도를 고쳐 주려 시도하게 되고 진모는 이젠 엄마와 수학은커녕 책을 읽는 것도 싫어하게 되었다. 시부모님에게 작은 건물을 물려받아 관리업을 하는 아빠는 아이의 공부를 돕겠다고 아침 일찍 일어나 진모를 깨워 아침마다 30분씩 수학풀이를 시킨다. 처음에는 진모가 잘 따라 하는 것으로 보였지만 아빠가 무서워 할 수 없이 했을 뿐 실제로 진모는 일찍 일어나는 것도 아빠와 그렇게 문제를 푸는 것도 재미가 없다고 했다. 그래서 아빠는 강압적인 방법 대신 진모에게 보상을 주기로 했다. 경제적 여유가 충분한 아빠는 공부만 한다면 원하는 것을 무엇이든 사 준다고 했고 진모는 사고 싶은 물건을 마음껏 말하기 시작했다. 덕분에 또래들은 가지기 힘든 비싼 장난감이나 게임기도 많이 가질 수 있게 되었다. 하지만 진모는 점점 더 이런 물건에 의존하게 되고 보상을 주지 않으면 더욱 공부를 하지 않으려 하고 있다.

현장 전문가에게 물어보세요

 01 | 공부를 좋아하는 아이는 따로 있는 걸까요?

　학업적성이 매우 높은 아이들은 문자학습을 마치 놀이처럼 즐기는 경우도 있다. 하지만 이런 아이들은 매우 예외적이며 실제로 취학 전 혹은 저학년 아이들의 상당수는 언어나 수학과 같이 꾸준한 사고과정이 요구되는 과제를 반복하는 경우 쉽게 흥미를 잃을 수 있다. 하지만 어린아이들을 관찰해 보면 알 수 있듯이 새로운 사실을 배우고 익히는 것은 인간의 기본적 욕구로 이러한 상태를 내재적 동기라고 부른다. 여기서 '내재적' 이라는 단어는 '본래 가지고 있는' 의 의미를 갖는다. 다시 말해, 원래 아이들은 학습 과정 자체에 대한 흥미를 가지고 있는 것이다. 하지만 이 흥미를 학습 환경이나 과제의 특성에 따라 다르게 표현된다.

 02 | 용돈이나 상을 걸고 하면 어떨까요?

　작은 보상은 동기를 일으키는 데 효과적인 역할을 한다. 규칙적으로만 적용하면 작은 간식도 학습동기를 유발할 수 있다. 하지만 보상에 의존한 학습에는 한계가 있다. 이것을 '보상의 함정'이라고 부른다. 초기의 작은 보상은 학습에 대한 흥미를 유도할 수 있지만 학습의 목표는 아니다. 다시 말해, 자발적 목표를 찾지 못한 상태에서 보상만으로 학습행동을 유도하려는 것은 결국 실패에 이르게 하고 부모는 당황해서 더 강한 보상을 내걸 수밖에 없게 된다.

 03 | 학습에 재미를 느끼게 하려면 어떻게 해야 할까요?

학습에 흥미를 느끼는 조건에는 몇 가지 원칙이 있다. 첫째는 아이에게 선택권을 부여해야 한다. 학습 내용과 방법을 선택하는 자율성을 부여하는 것이다. 아이들이 현명하게 선택하기 때문이 아니다. 적어도 선택을 위해 과제의 다양한 측면을 생각해 볼 수 있고 선택이 발생했을 때 책임감과 흥미를 더 많이 가질 수 있기 때문이다. 둘째는 학습과정 자체에 즐거움이 있어야 한다. 아이의 수준에 맞는 교재와 부모와 교사가 재미를 유발할 수 있도록 노력해야 한다. 엄격한 환경에서는 자발적 동기가 발생하지 않는다. 저연령대 아이들의 학습에서 가장 중요한 것은 '재미'다. 셋째는 분명한 보상이 있어야 한다. 학습이라는 행동 뒤에 어떤 결과가 있는지가 매우 중요하다. 초반에는 간단한 보상으로 흥미를 이끌어 내고 이후에는 그 활동 자체가 아이의 흥미가 되어야 한다.

아이의 행동을 확인해 보세요

1) 이 정도면 부모의 관심이 필요해요.

- 대체로 공부를 하기 싫어하지만 분명히 흥미를 보이는 순간도 있다.
- 너무 많은 과제를 주면 거부감을 보이지만 작게 쪼개 주면 어렵지 않게 따라온다.
- 부모가 시키는 방식에 거부감을 보이기는 하지만 가끔 본인이 원하는 방식을 제안할 때가 있다.
- 특정 과목, 이를테면 수학을 싫어하지만 모든 부분이 그러한 것은 아니고 덧셈은 좋아하지만 뺄셈은 싫어하는 식으로 호불호의 영역이 구분된다.

2) 이 정도면 전문가와 상의가 필요해요.

- 자꾸만 거짓말을 하고 공부에서 빠져나갈 이유만 찾는다.
- 시작도 하기 전에 여러 가지 이유를 대며 포기한다.
- 요구하지도 않은 결과를 걱정하며 공부를 두려워한다.
- 공부를 시작하기도 전에 무기력해지고 표정이 어두워진다.
- 지나치게 경쟁적이어서 자꾸만 다른 애들과 스스로를 비교하고 만족스럽지

않으면 심하게 좌절하거나 격한 감정반응을 보인다.

● 당장 자신이 원하는 것을 제공받지 않으면 어떤 학습행동도 하려 하지 않고 점차 요구조건이 과도해져 부모가 들어줄 수 없는 지경에 이르렀다.

부모님의 행동을 확인해 보세요

1) 멈춰야 할 훈육방법

"왜 해야 하는지 이유는 알 필요 없고 일단 다 끝내고 얘기하자! 무조건 끝내야 해!" (강압적 방식)

아이에게 목표의식을 갖게 하기 보다는 강압적 요구를 하는 경우, 아이는 점차 이 상황을 피할 수 없다는 것을 알게 되어 상황을 합리화시키는 데 더 많은 에너지를 쓰게 된다.

"자꾸 이렇게 하면 너 나중에 공부 못하는 애가 된다고! 나중에 거지 되고 싶어?" (불안하게 만들기)

하나의 문제를 가장 극단적인 결과로 연결시키는 것은 부모의 불안이기도 하지만 아이의 불안감을 가중시킨다. 학습상황에서 불안을 자주 겪은 아이는 이후에 더 동기가 감소되며 학습에 대한 즐거움을 경험하기 어렵게 된다.

"100점만 맞아 오면 니가 원하는 것 다 사 줄게!" (보상으로 통제하기)

보상의 제공은 학습의 목표를 깨닫기 어렵게 만든다. 원래 흥미를 가졌던 일조차도 보상을 통해 행동을 유도하면 소위 '내적 동기'가 손상된다.

"문제 풀이해서 틀리기만 하면 혼날 줄 알아, 몇 대 맞을지 니가 미리 정해!" (위협하기)

처벌과 비난은 일시적으로 학습을 하게 만드는 효과를 주지만 장기적으로 아이가 학습상황을 회피하고 무력감을 느끼게 만든다. 또한 공부가 어려워져 스트레스가 증가하면 우울과 불안 같은 정서적 어려움을 겪을 가능성이 높아진다.

2) 효과적인 양육방법

"오늘은 엄마하고 약속한 부분을 다 못 끝냈네? 많이 어려웠나 보구나, 그럼 좀 쉬었다가 나중에 다시 하자. 엄마랑 같이 간식 먹을까?" (어려움에 공감해 주기)

동기가 발휘되려면 아이의 어려움에 대한 공감을 제공해야 한다. 힘들고 어려울지라도 누군가 자신의 마음을 알아 주고 지지해 줄 것이라는 기대감은 양육자와 강력한 유대감을 형성하게 해 주고 성장의 동기를 높여 준다. 부모-자녀의 정서적 관계는 동기의 초석이 된다.

"오늘은 뭐부터 해 볼까? 오늘 해야 할 일이 뭐가 있지? 뭘 먼저 하고 싶어?" (스스로 판단하기)

아이가 스스로 행동을 판단하고 실천할 수 있도록 잠시 기다려 주고 질문해 주기. 미숙할지라도 스스로 판단할 수 있는 기회를 주고 책임을 질 수 있도록 배려해야 능동적 태도가 발달한다.

"공부 끝나면 하고 싶은 일을 엄마한테 알려 줄래?" (자기보상 찾아보기)

꼭 물질이나 외적 보상만이 능사는 아니다. 아이가 선호하는 활동 자체도 좋은 보상이 된다. 스스로에게 상을 주는 방법을 터득하면 자신의 행동을 조절할 수 있게 된다. 서로 약속을 정했다면 부모는 반드시 지켜 주고 아이의 활동에 함께 참여해 주면 더 좋은 효과를 볼 수 있다.

"재미있게 할 수 있는 방법이 뭐가 있을까? 아빠하고 게임처럼 낱말 맞추기 해 볼까?" (즐거운 학습분위기 유도하기)

최근 에듀테인먼트라는 개념이 많이 사용되고 있다. 이는 게임의 형식으로 학습을 보다 즐겁게 하는 것이다. 하지만 이것이 꼭 게임의 형식일 필요는 없다. 중요한 것은 학습상황 자체가 밝고 흥미로운 분위기여야 한다는 것이다. 엄격함을 요구하거나 결과를 강요하지 말고 그냥 그 자체를 여유 있게 즐기는 경험은 학습에 대한 자발적 흥미를 키워 준다.

공부 주머니와 상 주머니 만들기

1) 공부 주머니 만들기

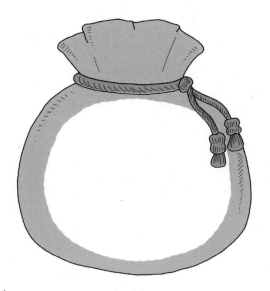

활동순서

❶ 먼저 해야 할 과제 중 흥미로운 것과 그렇지 못한 것을 아이 스스로 구분
   하게 한다. 대략 10~15분 이내에 끝낼 수 있는 과제여야 하며 지루한 내
   용이 하나 선택되면 반대로 좋아하는 내용을 반드시 함께 선택해야 한다.

❷ 카드를 오려 작은 주머니에 넣는다.

좋아하는 공부	지루하고 힘든 공부
예) 스토리텔링으로 문제 풀기	예) 덧셈 연습하기 20문제
①	①
②	②
③	③
④	④

2) 상 주머니 만들기

① 보상카드를 만든다.

② 정해진 분량의 공부가 끝났을 때, 상으로 받을 수 있는 활동을 기록한다.

③ '공부 주머니' 만들기의 ❸과 마찬가지로 카드를 오려서 주머니에 넣는다.

예) 엄마와 보드게임 30분 하기	

3) 먼저 눈을 감고 공부 주머니에서 한 가지 공부 과제를 꺼낸다.

만일 흥미를 느끼는 과제라면 부모님은 "와, ○○가 좋아하는 과제가 나왔네."라고 반응해 주고, 할 일 목록에 기록한다. 반면, 아이가 지루하고 힘들어하는 과제가 나오면 곧바로 상 주머니에서 한 가지 활동을 선택할 수 있다. 이때 부모는 "와, 이번에는 상을 받을 기회가 왔네!"라고 반응해 준다. 즉, 원래 흥미를 느끼는 일은 그 자체로 시간을 정해서 수행하고, 흥미가 떨어지는 과제는 과제 완료 후 보상이 자연스럽게 주어지는 것이다. 이런 과정을 통해 학습과정에서 아이가 선택권을 넓히게 되고 자기보상의 기회를 가지게 되며 동기가 향상된다.

14. 내 마음은 이미 빵점 - 학습자신감

"너 공부 못하면 저렇게 된다!" 연수 아빠는 가족 나들이를 가는 도중 서울역 앞을 지나며 아이에게 농담처럼 저 말을 던진다. 초등학교 3학년 연수는 아빠가 거리를 배회하는 역 앞 노숙자를 보며 한 말이 농담처럼 들리지 않는다. 연수보다 공부를 잘하는 연수의 언니는 "아빠가 그러는데 공부 못하면 나중에 대학도 못가고 집에서 놀아야 한대……"라고 비아냥거리기도 했다. 어린 연수에게 이런 말들은 모두 큰 상처가 되어 돌아왔다. 수업시간에도 연수는 손을 들어 발표해 보고 싶지만 도무지 용기가 나지 않는다. 며칠 전에도 책에서 본 내용을 선생님이 질문했는데 자신도 자신있게 발표해서 칭찬받고 싶었지만 틀리면 친구들이 자신을 바보라고 놀릴 것 같고 선생님이 야단칠 것만 같은 두려움에 손을 들지 못했다. 하지만 다른 친구가 자신이 생각한 답을 말하고 칭찬 받는 것을 보고는 '에이, 나도 알고 있던건데 속상해.' 라고 생각하고 있었다.

한편, 연수의 공부에 대한 자신감의 부족은 시험 때 더 심해진다. "요즘은 연필 잡은 손이 덜덜 떨려요. 답을 표시할 때 실수할 것만 같아요. 어떤 경우에는 분명히 공부했는데도 답이 생각나지 않고 머리가 하얘지는 느낌이에요." 시험을 잘봐야 한다는 생각에 연수는 불안하기 그지없다. "내일 해가 뜨는 게 분명한 것처럼 내가 시험을 망치는 게 뻔해요."라고 말한다. 그리고, 성적이 나쁠 때 엄마 아빠의 찡그린 얼굴을 떠올리며 불안해한다.

연수 아빠는 연수가 공부를 못하는 것이 너무 속이 상해 집 안에 있는 컴퓨터, TV를 모두 치워 버렸다. 학교와 학원에 갔다 오면 다른 할 일이 없는 연수는 책상 앞에 앉아 있을 수밖에 없었다. 앉아 있는 시간이 길어 남들이 보면 공부를 많이 하는 것처럼 보이지만 실제로 한 것은 별로 없다는 것을 연수도 잘 알고 있다. 하지만 그런 말을 하면 엄마 아빠가 싫어할 것을 알기 때문에 늘 열심히 하는 모습만 보여 주려고 한다. 연수 부모님은 저렇게 열심히 하면서도 성적이 안 나오는 아이를 보면서 혹시 머리가 나빠서 저런 것은 아닌지 한숨만 쉰다. 이런 부모님의 마음을 아는 연수는 습관처럼 "나는 하나 안 하나 똑같아."라고 말한다.

01 | 자신감은 타고나는 걸까요?

간혹 처음부터 자신감이 넘쳐 보이는 아이들이 있다. 늘 에너지가 넘치고 적극적이고 자기 표현을 잘 한다. 하지만 기질적으로 자기 표현을 자신 있게 하는 것과 어떤 과제에 대해 자신감을 보이는 것에는 차이가 있다. 자신감은 일종의 자기 확신과 믿음으로 경험에 의해 좌우된다. 아주 어린아이라도 칭찬 몇 마디에 자신감을 갖게 만들 수 있다. 예를 들어, 함께 놀이를 하다가 부모가 이길 수 있게 도와주거나 아이가 잘한 부분에 대해 칭찬을 하면 아이는 금방 우쭐해져 계속 하자고 조르기 마련이다. '내가 해낼 수 있다'는 믿음은 동일한 과제를 이전에 해 봤더니 좋은 결과가 있었다는 기억에 의해 만들어진다.

 02 | 자신감이 없어서 공부를 못할까요? 아니면 공부를 못해서 자신감이 없는 걸까요?

자신감이 부족한 아이들은 무언가를 시작하는 것을 힘들어한다.

특히 처음 해 보거나, 어려워 보이는 일들을 시키면 시작조차 하려 하지 않는 경우가 있다. 다시 말해, 도전감이 부족한 것이다. 이런 행동을 반복하게 되면 주변에서 아이에게 적극성을 요구하지 않게 되고 마치 자신의 생각을 확인하듯이 행동한다. '거 봐, 안 된다고 했잖아요.' 식이다. 그래서 처음에는 그냥 주저하는 정도였던 일들 이 나중에는 실제로 시도하지 않아 능력을 감소시키고 학업성취의 기회를 잃게 만든다.

 03 | 원래 능력이 부족한 아이라도 자신감을 찾아 줄 수 있을까요?

Q1에서 언급했듯이 자신감은 아이들이 어떤 경험을 했는지에 좌우된다. 가장 중요한 경험은 작은 일이라도 스스로의 힘으로 성 취해 냈다는 경험이다. 꼭 공부일 필요는 없다. 자신이 잘할 수 있 는 일이라면 무엇이든 상관없다. 작은 성취는 다른 일에 대한 도전 감을 불러일으킨다. 운동을 좋아하는 아이는 운동을 통해 성취감 을 줄 수 있고, 만드는 것을 좋아하는 아이는 작은 작품을 하나 완 성할 수 있다. 혹은 부모님과 함께 집안일을 돕고 칭찬을 받는 것 도 가능하다. 동물을 좋아하는 아이는 동물을 키워 보는 기회를 통 해 자신이 무언가 노력을 통해 좋은 결과를 만들어 낼 수 있다는 경험에 접근할 수 있다.

아이의 행동을 확인해 보세요

1) 이 정도면 부모의 관심이 필요해요.

- 어떤 일을 시작할 때 대체로 한 걸음 뒤로 물러서는 편이다. 하지만 누군가 격려해 주면 용기를 낼 수 있다.
- 결과에 대해 자꾸만 걱정을 한다. 아직 일을 시작하지도 않았는데 잘하지 못할까 봐 신경을 쓴다.
- 너무 높은 목표를 정하거나 스스로 한 일에 대해 만족하지 못한다.
- 해도 안 된다는 식의 표현을 자주 사용한다.

2) 이 정도면 전문가와 상의가 필요해요.

- 너무 자신감이 낮은 나머지 시작은커녕 그 상황 자체를 피하려고 한다. 예를 들어, 수학에 자신이 없다며 수학 시간에 학원에 가지 않는다.
- 시작도 하지 않은 일을 이미 너무 늦었고 지금 해 봐야 달라질 게 없다는 말을 하며 포기해 버린다.
- 학습과제에 대해 지나치게 불안을 호소한다. 결과에 연연하며 잘하지 못할 것에 대한 생각에 사로잡혀 늘 걱정한다.

● 조금만 어려워져도 곧바로 포기하고 딴짓을 한다. 사실 처음부터 할 생각도 없었고 과제에서 할 수 있는 부분을 전혀 찾아내지 못한다.

부모님의 행동을 확인해 보세요

1) 멈춰야 할 훈육방법

"넌 왜 그렇게 끈기가 없니? 대체 누굴 닮아서 그러니?" (성격으로 비난하기)

'포기한다'는 것은 행동이지 성격특성이 아니다. 저런 방식의 표현은 아이가 '아, 나는 원래 부족하고 끈기가 없는 아이구나' 라고 생각하게 만든다.

"100점을 목표로 해야 근처라도 가지!" (과도한 목표설정하기)

과도한 목표는 성취감을 방해한다. 중요한 것은 이전보다 나아지는 것이지 도달할 수 없는 목표를 정하고 스스로를 괴롭히는 것이 아니다.

"~는 잘한다는데 넌 왜 그것도 못하니?" (비교하기)

비교는 무능감을 키운다. 아이들마다 재능이 다르고 그것이 발현되는 시기가 다르다. 특히, 학습의 결과를 놓고 비교하는 것은 과정 없는 결과를 요구하는 것과 마찬가지이기 때문에 아이들에게 전혀 도움이 되지 않는다.

2) 효과적인 훈육방법

"괜찮아, 처음부터 잘되는 것은 아니야. 실패해도 좋으니까 한 번만 더 해 보자." (지지와 격려의 말)

칭찬과 격려는 자신감을 키우는 가장 중요한 경험이다. 특히, 무언가 뜻대로 되지 않을 때 비난보다 변화의 가능성에 대해 자주 말해 주는 것이 중요하다. 처음에는 내 생각이 아니었지만 자꾸만 듣다 보면 자기 생각이 된다. 심리학에서는 이것을 '내재화'라고 부른다. 자신이 없을지라도 주변에서 "괜찮다."라는 격려를 해 주면 혼자 문제를 해결해야 하는 상황에서도 자신감을 발휘할 수 있게 된다.

"조금만 더 노력하면 더 잘할 수 있는 것은 무엇이 있을까? 욕심 부리지 말고 우리 작은 목표를 정해 보자." (성취경험 이끌어내기)

성취경험을 하려면 성취 가능한 목표를 세워야 한다. 항상 목표는 '계단'의 형태로 만들어야 한다. 최종 목표가 있겠지만 한 번에 도달할 수 없기 때문에 몇 개의 단계로 나누어 한 번에 하나씩 도전해야 한다. 예를 들어, 수학의 경우 두 자릿수의 더하기를 너무 어려워하면 일단은 한 자릿수 문제를 80점 이상 받는 것을 목표로 공부할 수 있다.

"좋은 방법이 있는데 한번 같이 해 볼까?" (효과적인 방법 알려주기)

'요령'을 알게 된다는 것은 자신감을 찾게 해 주는 좋은 경험이다. 물론 스스로 노력하다가 좋은 방법을 발견하는 것이 가장 좋지만 그 과정이 너무 오래 걸려 좌절할 수 있기 때문에 적절한 상황에서 해결책과 전략을 알려 줄 수 있다. 하지만 주의할 점은 너무 요령에만 의존하다 보면 그것이 거꾸로 자신감을 떨어뜨리게 할 수 있다는 것이다. 편법을 알게 하는 것이 아니라 자신이 충분히 노력해 보고 그다음 좋은 방법을 배우는 것은 성취감을 일으킬 수 있다.

아주 작은 목표 달성하기 게임

활동순서

❶ 도화지를 한 장 준비해 자를 대고 10cm 정도의 선분을 긋는다.

❷ 아래쪽 공간에 눈을 감고 연필로 한 뼘 정도 선분을 긋도록 지시한다.
눈을 감고 하기 때문에 처음부터 잘할 수 없다.

❸ 한 번 그은 후 잠시 눈을 떠서 확인할 수 있게 한다.

❹ 부모님은 말로 아이의 수행에 대해 피드백을 준다.(예: "아 조금 짧네, 조금만
더 길게 하면 되겠다.")

❺ 서너 번씩 반복한다. 몇 번 반복하다보면 눈을 감고도 대략 10cm의 선을
그을 수 있게 된다. 이 때 게임이긴 하지만 충분한 칭찬을 할 수 있다.(예:
"우와, 눈을 감고도 할 수 있네, 역시 몇 번 연습하니까 어려운 건데도 되는구나!
우리 다음에는 또 뭘 도전해 볼까?")

15. 할 일을 매번 미루는 아이 - 공부습관 문제

사례

"내일 할 거야! 왜 꼭 오늘 해야 하는데? 오늘은 게임하고 놀 거야!" 초등학교 2학년 경석이는 오늘도 엄마와 숙제를 언제할지를 두고 실랑이를 벌이고 있다. 숙제 양이 많지는 않지만 매일 규칙적으로 해야 하는 것들이라 밀리게 되면 결국 안 하게 될까 봐 엄마의 고민은

이만저만이 아니다. "너 때문에 엄마가 창피해 죽겠어. 다른 애들은 시키면 알아서 잘 따라 하던데 넌 왜 안 하는 거야! 오늘은 게임 못하게 할 거니까 숙제 끝낼 때까지 꼼짝도 하지 마!" 하지만 아이는 도무지 책상에 붙어 앉아 있으려 하지 않기 때문에 엄마 입장에서는 아이를 가르치다가 오히려 병이 날 지경이고 아이와 실랑이를 하느라 점점 사이만 나빠지고 있다. 엄마가 요구하지 않으면 아이는 숙제를 하지 않았고, 그나마 숙제를 하는 경우에도 집중을 하지 않기 때문에 학습효과도 거의 없어 보인다. 더 큰 문제는 알림장을 제대로 기록해 오지 않기 때문에 경석이 스스로도 숙제가 뭐가 있는지, 뭘 준비해야 하는지도 모른다는 것이다. 엄마는 아이와의 관계마저 틀어지면 이후에 더 다루기 힘들 것 같아 이제는 거의 포기하다시피 하고 있는 상황이다.

현재 부모는 작은 규모의 사업을 함께 운영하고 있다. 엄마는 아이가 학원이 끝나는 시간에 맞춰 귀가하는 편이지만 일이 많아질 경우 다시 나가서 아빠를 도와야 할 때가 많다. 그래서 집을 비워야 하는 경우에는 근처에 살고 있는 조부모댁에 아이를 맡긴다. 조부모는 손주를 워낙 예뻐하는 편이기 때문에 아이가 원치 않는 경우 억지로 숙제나 공부를 시키지 않고 간식을 챙겨 주거나 아이가 보고 싶어 하는 TV 채널을 찾아 주는 정도로 돌봐주고 있다. 엄마는 할머니께서 아이를 챙겨 주시는 것이 감사하기도 하지만 지나치게 허용적으로 다루는 부분이 늘 걱정이 된다.

사실 아이가 성격이 좋고 다른 부분에서는 문제를 보이지 않기 때문에 그저 건강하게 자라기만을 바라는 부모의 입장에서 지금 모습을 인정하고 기다려야 할지, 아니면 다른 조치를 취해야 할지 고민이 많다. 아빠는 "나도 저때 저랬어, 지가 나중에 하고 싶은 마음이 생기면 알아서 하겠지."라며 일단 지켜보자는 태도를 보이고 있다. 사실, 엄마는 아빠가 좀 더 적극적인 역할을 해 주기 바라지만 퇴근도 늦고 교육에 관련해서는 별다른 욕심이 없기 때문에 몇 번 아이 문제를 상의해 봤지만 뾰족한 해답은 얻을 수 없었다.

최근에는 학교 친구들과 게임을 하기 시작했는데, 아직 스마트폰이 없어서 할머니의 것을 주로 이용하게 되었다. 경석이가 요구하면 할머니는 별다른 간섭 없이 스마트폰을 사용하도록 허락한다. 게임 때문에 경석이의 학습문제는 설상가상 더 나빠지기 시작했고, 엄마가 간섭을 시작하자 아이는 아예 하교 시 할머니집으로 곧장 가 버리는 일까지 생기게 되었다. 경석이의 공부습관을 바로잡아 줄 수 없다는 생각에 엄마는 우울감을 느끼기 시작했고 부부싸움도 잦아지는 등 가정 내 갈등으로 번져 일이 커져 가고 있다.

현장 전문가에게 물어보세요

 01 | 습관이 나쁜 것은 아이의 성향 같아요. 원래 게으르고 노는 것을 좋아합니다. 어떻게 해야 할까요?

습관이란, 우리가 비슷한 상황에서 자동적으로 반복하게 되는 어떤 행동을 말한다. 아침에 자명종 소리를 듣고 한 번에 일어나는 것도 습관이고, 매번 듣고도 늦잠을 자다 지각하는 것도 습관이다. 습관은 아침부터 잠들 때까지, 심지어 잠자는 동안에도 '잠자는 습관'이 우리를 지배한다. 사람은 살아가면서 매일 새로운 행동을 만들어 내지 못한다. 오히려 예전부터 해 오던 수많은 습관적인 행동들을 통해 오늘 하루를 살아간다. 습관은 성향과 별개로 형성되며 주어진 상황이나 환경에 적당한 행동들이 습관으로 남게 마련이다.

이와 마찬가지로 공부를 하는 것에서도 아이들마다 각기 다른 습관을 가지고 있다. 책상에서 곧바로 공부를 시작하는 것도 습관이고, 책상에서 최소한 30분은 딴짓을 해야 겨우 공부를 시작하게 되는 것도 습관이다. 불행히도, 한번 굳어진 습관은 쉽게 바뀌지 않으며, 나쁜 습관은 '저절로' 생기는 것처럼 보이지만 좋은 습관은 많은 노력을 투자해야 얻을 수 있다. 아이들의 공부습관은 어린 시절부터 경험한 훈육의 원칙이나 경험에 의해 좌우될 수 있다.

02 | 그렇다면 이 아이는 왜 저런 습관을 가지게 되었을까요? 일부러 그렇게 만든 게 아닐텐데 말이죠.

앞에서 살펴본 '경석이'의 예처럼 부모님이 일관되게 훈육할 기회가 부족하거나 조부모님과 같이 다수의 양육자가 원칙 없이 아이를 다룰 경우 좋은 습관이 형성되기 어려운 상황에 놓이게 된다. 좋은 습관을 만들기 위해 행동을 수정하는 것은 자발성과 주변의 도움이 필수적이다. 아이에게 좋은 습관을 들여 주고 싶다면, 부모님이 이러한 원리를 잘 이해한 상태에서 아이와 함께 좋은 습관을 만들 필요성에 대해 함께 상의해 보고, 함께 방법을 짜 보는 것이 바람직하다. 아이들에게 선택권을 주는 것은 자신이 선택한 일에 대해서 자발적으로 노력하고 책임지려는 마음도 함께 길러 줄 수 있다.

 03 | 이미 나쁜 습관을 가지고 있는 경우 어떻게 고쳐 줘야 하나요?

잘못된 행동을 가장 빠르게 감소시키는 방법은 처벌이다. 행동에 아이가 원치 않는 결과가 뒤따르도록 하는 것이다. 처벌은 반드시 체벌을 의미하는 것은 아니다. 이를테면 동생을 때렸을 때 벌로 엉덩이를 한 대 맞았다면 그것은 체벌이지만 벽을 보고 5분간 서 있게 했다면 그것은 처벌이다. 체벌은 처벌의 한 유형이며 최대한 지양해야 할 훈육방법이다. 왜냐하면 체벌은 전반적으로 부작용이 많기 때문이다. 체벌을 자주 받은 아이는 분노감이 많아지고 오히려 공격성이 증가하며 부모와의 애착이 약화된다. 부작용을 최소화하면서 문제행동을 감소시키는 데는 크게 두 가지 방법이 있다. 하나는 '소거'라 불리는 절차로 더 이상 행동에 이득이 없게 만드는 것이다. 어떤 행동을 무시하는 것도 소거의 일종이다. 또 다른 방법은 특권을 박탈하는 것이다. 나쁜 행동을 했을 때 잠시 아무것도 없는 벽을 보고 서 있게 하는 '타임아웃' 도 일종의 특권 박탈이다.

 04 | 그렇다면 좋은 습관을 들이기 위해서 부모가 해야 할 일은 무엇인가요?

먼저 행동을 구체적으로 정해야 한다. '네가 더 성실한 아이가 되었으면 좋겠어.' 식의 말로는 아무것도 바뀔 수 없다. 왜냐하면 '성실함' 이라는 형용사의 의미가 너무 많은 범주의 행동을 포함하고 있기 때문이다. 또한 아이가 생각하는 성실함이 부모가 생각하는 성실함과 다른 경우도 너무나 많기 때문이다. 부모는 학교에 갔다 오자마자 공부와 관련된 중요한 일부터 챙기기를 원하지만 아이는 아무때나 끝내기만 하면 된다고 생각할 수 있기 때문이다. 따라서 원하는 행동 목표를 실천 가능한 것으로 한 가지만 정해 시작하는 것이 좋다. 예를 들어, '매일 알림장에 선생님이 내 주신 숙제와 학교일정을 기록해 오기' 식으로 정해 본다. 그 다음에는 그 행동을 했을 때 보상을 줘야 한다. 보상은 아이가 원하는 것이면 무엇이든 상관없다. 대표적인 것이 간식, 칭찬, 놀이 등이다. 주의할 점은 평소에 이런 보상을 쉽게 얻을 수 있다면 보상이 될 수가 없다. 또한 부모님이 일관되게 관리할 수 있는 것들을 보상으로 삼아야 한다.

아이의 행동을 확인해 보세요

1) 이 정도면 부모님의 관심이 필요해요.

● 가끔 알림장을 빼먹고 오지만 대개의 경우, 80% 정도는 잘 챙겨 온다.

● 다 지키지는 못하지만 계획을 세우려 시도한다. 절반 이상은 지킬 수 있다.

● 할 일을 잊는 경우가 많지만 엄마가 챙겨 주면 곧잘 따라온다.

● 다른 아이들만큼 주도적이지는 않지만 확실히 작년에 비해 올해 몇 가지 행동이 나아진 것을 알 수 있다.

● 간혹 한 번씩은 자신의 실수를 먼저 알아차리고 '엄마, 다음번에는 ~하게 해 보고 싶어요.' 라는 의도를 드러낸다.

2) 이 정도면 전문가와 상의가 필요해요.

● 아무리 지시를 해도 자신의 할 일을 챙기지 못한다.

● 늘 노는 것을 먼저 한 후 나중에 겨우 자기 할 일을 정신없이 하게 된다.

● 항상 눈앞에 있는 작은 이득이나 놀이와 같은 당장의 만족에만 집착한다.

● 부모와 약속을 해도 거의 대부분 지키지 못한다. 부모 역시 아이 행동을 일관되게 관리하지 못한다.

● 행동에 어떤 규칙성도 찾을 수 없다. 하루가 거의 무작위로 이뤄져 있어서 언제 무엇을 하는지 아무도 예상하지 못한다.

부모님의 행동을 확인해 보세요

1) 멈춰야 할 훈육방법

"또 숙제를 안 했어! 몇 대 맞을래!" (문제행동을 할 때마다 체벌을 가하는 경우)

체벌은 무엇을 하면 안 되는지는 알려 주지만 더 큰 문제를 일으킬 수 있다. 많은 경우 행동이 위축되고 자신이 무엇에 집중하고 무엇을 실천해야 하는지 더 쉽게 잊어버리게 된다.

"도대체 넌 누굴 닮아 그 모양이니? 이 게으른 녀석아!" (문제행동

시 성향을 비난하는 경우)

아이들도 성격이나 성향이 쉽게 바뀌지 않는다는 것을 알고 있다. 이런 비난은 '난 원래 그런 애니까.'라는 생각을 일으켜 변화에 더 저항적으로 만든다.

"너 혼자서는 못하니까 앞으로 이렇게 해!" (일방적 지시)

어떤 행동을 왜 해야 하는지에 대한 설명이 없이 양육자가 일방적으로 결정해서 지시하는 것은 의존성을 키우고, '어차피 엄마가 시킬 거니까.'와 같은 생각을 가지게 만들어 수동적인 행동을 강화한다.

2) 효과적인 양육방법

습관을 바꿔 주고 싶다면, 행동에 초점을 맞추어야 한다. 심리학에서는 이런 행동의 변화를 일으키는 데 '행동수정'이라는 방법을 사용한다. 요즘은 TV 프로그램에서도 '행동수정'이란 말을 자주 소개하고 있을 만큼 행동을 바꾸는 데 많이 사용되는 방법이다.

"책상 앞에 할 일을 써서 붙여 두면 잊어버리지 않겠지?"
(메모 기록하기)

자신이 원치 않는 행동(나쁜습관)이 일어나게 되는 상황을 차단하는 것이다. 예를 들어, 게임을 너무 많이 하는 것이 문제라면, 컴퓨터나 스마트폰에 쉽게 접근할 수 없게 해야 한다. 데스크톱의 경우는 정해진 시간이 아니라면 보자기로 덮어 눈에 보이지 않게 하고, 노트북이라면 사용하지 않는 시간에는 서랍 안에 넣어 둔다. 스마트폰도 아이들의 눈에 보이지 않는 곳에 넣어두어야 한다. 좋은 습관의 경우도 마찬가지로 그 행동을 해야 한다는 '신호'를 만들어 줄 수 있다. 눈에 잘 띄는 색지에 오늘 꼭 해야 할 일 3가지를 적어 책상이나 방문 앞에 붙여 주는 것이다. 적어도 몰랐거나 잊어버려 안 하는 일은 막을 수 있다.

"하루 동안 게임이나 TV에 시간을 얼마나 쓰는지 한번 확인해 보자." (자기행동 관찰하기)

처음에 설명한대로, '습관'은 자동적으로 별생각 없이 반복하게 되는 행동이다. 그래서 자신의 행동을 유심히 관찰할 기회를 갖는다면 행동에 많은 변화를 줄 수 있다. 예를 들어, 습관적으로 매일 게임을 하는 것이 문제라면 언제, 어디서, 몇 시간이나 게임을 하고 있는지를 매번 기록한다. 이러한 방법은 심리학에서 '자기 관찰하기'라고 부른다. 이렇게 자신의 행동을 기록하고 관찰해 나가면, 그전에는 통제하기 힘들었던 습관적 행동이 점차 줄어들게 된다. 스마트폰의 경우 사용량을 기록해 주는 앱을 깔아 확인할 수 있다.

　이것은 공부하는 시간을 늘리고 싶은 경우에도 적용된다. 즉, 하루에 혹은 일주일에 몇 시간이나 스스로 공부를 하는지 기록하는 것이다. 횟수나 양을 기록할 수 있는데 계속 적어 나가다 보면, 이런 관찰행동 가운데 목표도 정할 수 있게 되고("난 하루에 20분밖에 공부를 안 하는구나, 한 시간으로 늘려 봐야지!"), 동기도 더 생기게 된다. 또한 부모가 아이에게 제시해야 할 구체적인 행동목표의 기준을 정할 수 있다.

"스스로 약속을 지켰을 때 어떤 상을 받고 싶니?" (자기보상)

　앞에서 설명한 대로 하나의 행동은 그 결과가 어떤지에 따라 많이 일어나기도 하고 적게 일어나기도 한다. 따라서 만일 어떤 행동을 더 많이 하고 싶다면(예: 공부시간 늘리기), 공부하는 행동에 좋은 결과가 따르도록 만들고, 줄이고 싶은 행동이 있다면 그 행동을 할 때마다 좋지 않은 결과가 따르도록 만들면 된다.

　예를 들어, 공부하는 행동을 늘리고 싶다면, 우선, 자기관찰을 통해 일정 시간(대개 일주일) 동안 아이가 얼마나 공부하고 있는지를 정확히 확인한다. 예를 들어, 하루에 20분 정도 공부하고 있다는 것을 알았다면, 여기서 조금 더 시간을 늘려 40분 정도를 목표로 잡는 것이다. 목표의 구체성을 높이기 위해 시간은 물론 공부해야 할 교재의 페이지 수나 과제의 양을 정확하게 확인한다. 그리고 이런 목표를 아이는 물론, 식구들이 볼 수 있게 글로 써서 눈에 잘 띄는 곳에 붙여 두면 실천에 도움이 된다. 그 다음 실제로 아이가 자신의 목표를 달성했다면, 그 결과로 아이에게 상을 준다. 상은 아이가 좋아하는 것이면 무엇이든 가능하며, 가장 좋은 상은 아이 스스로 느끼는 성취감과 주변 사람들의 칭찬이다.

5분 양육
tip

눈덩이 보상 게임

활동순서

❶ 먼저 아이가 좋아하는 놀이나 상이 될 만한 활동의 목록을 작성한다. 예를 들어, 친구들과 놀이터에서 놀기 등이 있다. 아이가 좋아하는 간식도 좋은 보상이 될 수 있다.

❷ 그 다음 할 일을 정한다. 예를 들어, '알림장 써 오기'라고 정해 볼 수 있다.

❸ 냉장고에 다음과 같은 표를 만들어 붙인다. 할 일을 미루지 않고 잘 지킬수록 점점 더 큰 보상을 받을 수 있다.

알림장 적어 오기

월	화	수	목	금

하루만 지켜도 칭찬과 더불어 미리 정한 간단한 상을 준다. 실천하는 날이 많아질수록 더 큰 상을 정한다. 예를 들어, 주말에 친구들과 놀기의 경우 하루만 지키면 30분이지만, 매일 지킬 때마다 10분씩 늘어나 5일 모두 지키면 보너스로 총 50분을 더 놀 수 있는 기회가 주어진다.

06

공격성을
보이는 아이

16. 나는야! 헐크 - 또래 공격성

"선생님! 진호 또 싸워요!" 진호는 이제 갓 초등학교에 입학한 8세 아이인데 또래아이들에게 '싸움꾼'이라는 평을 듣는다. 멀리서 보면 아이들끼리의 장난 같지만, 진호의 화가 나고 폭력적인 모습을 찬찬히 살펴보다 보면, 곧 어른들이 나서서 말리게 된다. 오늘도 학교에서 조별과제를 하다가 갑자기 분에 못 이겨 판을 엎고 옆에 아이를 때리고, 물건들을 사정없이 집어 던졌다.

가정에서 장난감은 막 다룰지언정 부모에게 공격성을 보이는 일이 없었기 때문에 진호 엄마는 유치원에서 걸려 오는 전화를 받아도 '아이들이 놀다 보면 싸울 때도 있지.'라고 생각했으나, 초등학교에 입학한 후로도 줄곧 '진호가 친구를 때렸어요, 밀쳤어요.'라는 전화를 받게 되고, 담임선생님이 물건을 던지며 소리를 지르는 진호의 모습을 동영상으로 찍어 보내 주면서부터 심각성을 깨닫게 되었다.

불 같은 성미의 아빠와 완벽주의적 성향의 엄마는 성격차이로 자주 싸우는 편이다. 진호가 아기 때에는 더 심한 언행이 오고 갔지만, 최근에는 말싸움에서 그친다. 진호의 부모는 맞벌이 부부이지만, 엄마는 퇴근이 이른 편이라 학교와 학원을 다녀온 진호가 집에 올 때쯤 집에 돌아와 아이와 저녁시간을 함께한다. 진호의 부모는 진호가 어렸을 때에는 생활습관에 대해 엄하게 감시하고 혼내고, 꾸중하는 경우가 많이 있었다고 한다. 혼날 때마다 아이는 변명은 했지만, 크게 반항하지는 않았고, 부모의 지시를 곧잘 따랐다. 진호의 부모는 최근 많이 싸우는 아이의 모습을 보고 걱정이 되어, 아이를 앉혀 놓고, "이게 동물이지, 사람이냐? 또 그러면 넌 동물이니까 나가서 살아!"라며 엄하게 혼을 내고 소리를 지른 후, '다신 그러지 않겠다.'는 진호의 다짐을 받아 내었다. 그러나 이미 한 학기가 지났지만, 여전히 진호는 학교나 학원에서 친구들에게 소리를 지르고 노려보며 위협을 가한다고 한다. 집에서 혼을 내고 교육시켜도 그때뿐일 뿐, 다음 날 여지없이 학원을 옮겨 달라는 학원 선생님의 부탁 전화벨이 울리니, 진호 엄마는 답답하고 화가 치밀어 오르면서도 눈앞이 캄캄해진다.

현장 전문가에게 물어보세요

 01 | 아이들이 또래들에게 폭력성을 보이는 이유는 무엇인가요?

아이들의 폭력성의 원인은 가족관계에 있을 가능성이 높다. 나아가 부부 사이의 관계도 아이의 폭력성에 중요한 역할을 한다고 할 수 있다. 진호의 경우, 어린 시절부터 강압적이고 엄한 분위기의 가정에서 자라 상호교류에 대한 경험이 부족하다. 결국, 자신의 의견을 관철시킬 때마다 폭력(체벌)과 소리 지르는 모습을 보이는 부모로부터 학습된 행동들이 또래관계에서 나타나게 되었다. 항상 지시와 꾸중, 엄한 감독 하에 위축되어 있던 진호는 억울함, 답답함의 감정을 품고 있다가, 폭력적인 행동을 통해 감정을 해소하는 것이 익숙해져 버린 것이다.

 02 | 어떤 상황에서 폭력적인 행동을 보이게 될까요?

아이들은 자신의 의견을 주장할 때, 혹은 관심과 애정을 필요로 할 때 폭력성을 보이는 경우가 있다. 성장기의 아이들이 의견의 합의점을 찾기 위해 의견충돌을 겪거나 사소한 말다툼을 보이는 것은 자연스러운 일이다. 특히, 유치원이나 학교에 갓 입학한 5~6세, 8세 시기의 아이들은 또래들과 나누어 쓰고, 사이좋게 지내는 것에 대해 학습해 나가는 시기이므로, 사소한 다툼이 있을 수 있다. 그러나 이러한 과정에서 타인에게 심각한 해를 끼치거나 폭력적인 성향을 보인다면 문제가 될 수 있다.

한편, 폭력성을 보이는 아이의 속마음은 애정과 관심을 바라는 것일 수 있다. 다른 사람들의 애정과 관심을 얻고 싶을 때 자신의 노력과 행동을 통해 표현하는데, 좌절감이 쌓여 있거나, 의사소통 능력이 부족하다면, 자칫 폭력적이거나 파괴적인 행동이 자기표현의 방법으로 나타나게 된다. 더불어, 또래 간의 혹은 어른들의 폭력을 목격한 경우, 자연스럽게 학습된 폭력적인 행동을 보이며 자신의 의견을 주장할 가능성도 있다. 최근에는 학습 등 여타 스트레스가 해소되지 않으면서 스트레스의 원인과 별로 상관없는 상황에서 폭력성, 충동성이 부적절하게 표현되는 경우도 많다.

 03 | 폭력적인 행동도 습관인가요?

아이들은 좌절감을 느끼고, 화가 나게 되면 언어적으로 표현하기보다 신체적으로 표현하는 것이 수월할 수 있다. 이렇게 화가 나는 이유는 다른 사람들의 의도에 대해 과하게 부정적으로 인식하기 때문이다. 양육환경에서 비난에 많이 노출되는 등 타인에게 상처를 받게 되면, '사람들은 나를 싫어한다.'라는 잘못된 사고를 갖게 된다. 이러한 상황이 반복되다 보면 습관화되어, 분노감을 느끼는 시점부터 폭력적인 행동을 보이기까지의 시간이 짧아지며, 폭력성, 충동성을 자주 보이게 된다. 한편, 13세 전후로 이러한 행동이 심화되면서, 싸움, 도둑질, 공공기물 파손, 학교 규율 문제 등을 보이게 되면서 타인에게 고의적으로 피해를 입히는 행동이 계속되면 품행장애로 진단될 수 있다.

아이의 행동을 확인해 보세요

1) 이 정도면 부모의 관심이 필요해요.

- 또래들과 어울려 놀다가도 곧잘 다툼이 있다.
- 종종 "죽여 버리고 싶어." 등의 언어적 폭력성이 관찰된다.
- 자신의 의견이 관철되지 않으면 주먹이 먼저 나간다.

2) 이 정도면 전문가와 상의가 필요해요.

● 자주 다른 사람을 괴롭히거나 위협하거나 협박한다.

● 또래들과 다툼이 잦으며, 치고 박고 싸우는 경우가 많다.

● 다른 사람에게 신체적으로 위협한다.

● 다른 사람의 물건을 고의적으로 파괴한다.

부모님의 행동을 확인해 보세요

1) 멈추어야 할 양육태도

"네가 때렸으니까 너도 똑같이 맞아 봐." (체벌로 폭력성을 다스리기)

아이의 폭력성을 꾸중하면서 똑같은 방법인 무력을 사용하는 것(체벌)은 아이의 입장에서는 폭력이 될 수 있다. 이는 아이러니하게도 '폭력을 쓰면 안 돼.'라고 하며 폭력을 통해 가르치는 것이 되어 버린다. 타인의 아픔에 공감하도록 하기 위해 똑같이 처벌한다고 하여도, 아이는 와닿지 않고 반감만 커질 뿐이다.

"그래, 맞는 것보단 때리는 게 낫지."(아이의 폭력적인 행동을 격려하고 강화하기)

상황의 자초지종을 덮어 두고 내 아이가 '맞는' 것에만 민감하게 반응하는 경우가 있다. 이러한 이기적인 태도는 은연중에 아이의 폭력성을 강화할 가능성이 매우 높다. 어떻게 된 상황인지, 어떤 기분을 느껴서 때리고 싶었는지를 확인할 필요는 있지만 그런 것들이 핑계가 될 수 없으며, 타인을 때리는 것은 어떠한 상황에서든 잘못된 것임을 강하고 분명하게 인지시켜야 한다. 상황 설명을 들은 후 때린 것에 대해 어떻게 벌을 받을 것인지 생각해 보도록 한 후 결정하고, 상대 아이에게는 직접 사과하도록 한다.

"또 때리면 호적에서 파 버릴 줄 알아!"(비현실적인 위협을 하며 꾸중하기)

아이의 충동성과 폭력성 조절의 어려움에 대해 대처하면서 부모도 충동적인 말과 행동을 보이는 경우가 많다. '쫓아낼 줄 알아, 밥 안 줄 줄 알아.' 등 부모의 입장에서 위협적인 발언을 하기도 하는데, 이러한 비현실적인 위협은 단호히 실행으로 옮기기 어려운 경우가 많을 정도로 과도한 처벌이므로 안 하느니만 못하다. 꼭 지킬 수 있는 방법으로 단호히 약속하고, 아이의 충동성, 폭력성이 관찰될 경우 반드시 실행하여 행동이 수정되도록 하는 것이 필요하다.

"조별과제에서 진호의 의견이 무시된다고 느꼈구나." (폭력적인
행동을 보인 이유에 대해 설명해 주기)

아무리 몸짓이 크고 충동성이 높고, 폭력적인 행동을 보이는
아이라도 모든 행동에는 이유가 있기 마련이다. 아이가 스스로
'무시를 당했다고 생각-모멸감을 느낌-답답함-때리고 싶음-
폭력적 행동'의 감정과 행동의 연결고리를 파악할 수 있도록 도
와야 한다. 폭력적인 행동 자체를 다스리는 것도 중요하지만 그
행동이 나오기까지의 심리적인 상태, 원인에 대해 이해할 때, 아
이 스스로도 행동조절이 쉬워진다.

"주먹이 나가려고 할 때 손바닥을 보고 엄마와 한 말을 떠올
려 보자. 생각났다면 곧바로 주먹을 멈추기로 하자." (폭력적인
행동을 멈추는 큐 사인을 만들기)

대부분의 아이들은 머리로는 '때리면 안 된다'는 것을 알고 있
다. 그러나 마음에서 훅 치밀어 오르는 화를 인지하기도 전에 주
먹이 나가게 되는 경우가 많다. 그런 경우, (이미 물은 엎질러진 후
라고 할지라도) 꾹 참을 수 있을 만한 장치를 해 주는 것도 도움이
된다. 손바닥에 스마일을 그려 두고, '착한 손'으로 이미지화 한
후, 스스로의 손을 보며 충동성, 폭력성을 자제하는 방법이다. 이
러한 장치는 다양하고 폭넓게 응용과 적용이 가능하다.

"화가 나는 일이 있어도 말로 표현했구나. 너무 대견하다. 말로 하는 것이 훨씬 효과적이야." (폭력적 행동의 대안을 제시하기)

같은 내용으로 혼을 내어도 아이들의 행동이 한순간에 고쳐지기란 쉽지 않다. 그렇기 때문에 아이가 자신의 행동을 참고, 올바른 태도를 위한 아주 작은 시도나 노력을 보인다면 충분히 칭찬하고 격려해 주는 것이 필요하다. 자신의 행동 뒤의 책임감 있는 사과의 말과 행동에 대해서도 격려해 주어야 한다. 이러한 긍정적인 자아상이 쌓이면, '나는 스스로를 통제할 수 있는 사람'이라는 생각을 갖게 되고, 점차 적절한 방법으로 자신의 의견을 표현할 수 있게 될 것이다.

나는 화가 난 화산

내면의 분노감이 해소되지 않은 아이들은 또래를 향한 공격적인 성향을 보일 가능성이 높다. 따라서 아이의 분노감과 답답한 마음을 적절하게 표현해 보도록 도와야 한다.

활동순서

❶ 화산폭발 그림을 보고, '나는 언제 화산같이 폭발하게 되는지'에 대해 이야기해 본다.

❷ 화산 그림에 화나는 상황을 글로 써 넣어 본다.

❸ 화가 났을 때 내 모습에 대해 글로 써 본다.

❹ 또 다시 화산폭발과 같은 상황이 되었을 때 어떻게 화산폭발을 막을 수 있는지 이야기해 본다.

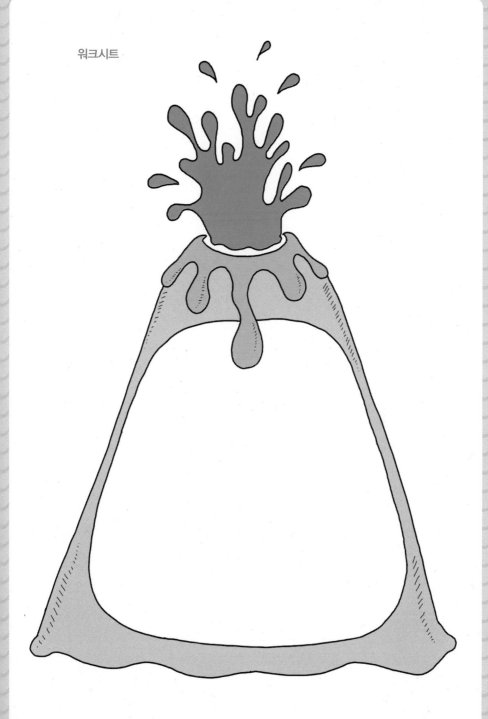

워크시트

17. 평생의 라이벌,
큰아이와 작은아이 – 형제갈등

사례

다섯 살 정현이는 두 살 아래 남동생 주현이에게 항상 주먹이 먼저 나간다. 형에게 한 대 맞고 나면 울기만 하던 주현이도 세 살이 된 후로 형에게 반격을 하기 시작했다. 결국은 형에게 더 세게 발차기를 당하고, 울면서 엄마를 부른다. 오늘도 엄마가 정현이에게 "아기를 때리면 어떡해! 너도 맞으면 좋아?"라고 소리를 지르며 상황이 마무리 되었다. 형제가 있는 집은 다들 싸움이 잦다고는 하지만, 엄마는 이런 상황에서 어떻게 대처하는 것이 현명한 것인지 혼란스럽다.

아기가 생기면서 엄마는 직장을 그만두었다. 정현이는 첫아이라 많은 사랑을 받았다. 그러다가 3년 전, 둘째 주현이가 태어난 후로 정현이는 집안의 문제아가 되었다. 처음에는 육아를 잘 도와주던 아빠도 아이들 사이에 갈등이 많아지며 스트레스를 받으니, 오히려 회사일에 더 열심을 쏟고 주말에는 혼자 여가활동을 즐기려고 한다. 결국 매일같이 반복되는 아이들의 갈등은 엄마의 책임이 되었다.

정현이는 줄곧 주현이에게 싫은 티를 내 왔다. 주현이가 갓난아기일 때에도 실수인 척 손이나 발을 밟고 지나갔는데, 엄마는 '처음이라 그러려니…….' 하여 정현이를 좋게 타이르기도 했다. 그때마다 정현이는 "동생이 밉다. 그래도 잘 지내 보겠다."라고 약속을 했지만, 동생을 때리고, 물건을 마구잡이로 뺏는 공격적인 태도는 시간이 가면서 더 심해져만 갔다. 엄마는 아직도 주현이가 아기 같고 애틋해서 솔직히 큰아이가 야속하기도 하다. 그러다 보니 점점 큰아이를 심하게 혼내기도 하고, "네가 형인데 참아야지, 양보해야지."라는 말만 하게 된다. 한 고비 넘기고 나면, 엄마에게 와서 안기는 정현이를 보면 엄마는 '다 큰 애가 왜 이래.' 하는 생각도 들고, 마치 두 얼굴의 악당같이 느껴지기도 하니, 정현이가 원하는 애정표현을 해 주기도 쉽지 않다.

현장 전문가에게 물어보세요

01 | 사이좋은 형제자매도 많은데, 왜 정현이는 자꾸만 동생을 질투할까요?

　대부분의 아이들은 형제자매를 향한 복잡한 감정을 경험한다. 아이들의 입장에서 보면, 서로는 부모의 사랑과 제한된 자원에 대한 경쟁자이기 때문이다. 특히 정현이처럼 애정을 독차지하다가, 동생이 태어나면서 부모의 태도가 달라지는 모습을 마주하게 되면, 질투심, 자괴감, 소외감 등 부정적인 감정을 느끼게 된다. 한편, 동생의 입장에서는 형이 혼나는 모습을 통해 자신의 위치를 확인하고, 애정욕구의 충족을 경험하기도 하면서, 형이 혼나는 상황을 만들어 낼 가능성도 있다. 정현이와 주현이의 경우, 싸움 장면에서 동생을 보호하는 듯한 엄마의 개입으로 인해 정현이의 질투가 점점 강화되었다고 할 수 있다.

02 | 모든 형제들이 이렇게 시도 때도 없이 싸우나요? 어떻게 중재해야 하나요?

'아이들은 싸우면서 큰다.' 라는 말을 종종 듣는다. 아이들은 친구 관계가 생기기 이전부터 형제자매 관계를 통해 사회성을 경험하고, 이 과정에서 협력과 승부, 타협을 배워 나가게 된다. 장기간에 걸쳐 연구된 바에 의하면 만 3세만 되어도 갈등상황을 통한 문제해결능력이 있다고 밝히고 있다. 아이들은 각 연령에 맞는 문제 해결방법을 동원하여 소통하고자 노력하며, 결국 성장발달에 따라 더 나은 방법들을 찾아간다고 할 수 있다. 그렇기에 형제자매 간의 싸움은 가정 안에서 자아정체성과 사회성발달을 위해 필요한 중요한 성장 과업이며, 일시적인 것이라고 할 수 있다. 따라서 이 과정에서 부모의 개입은 매우 조심스러운 부분이며, 앞서 말한 순기능을 최소화할 수도 있다는 것을 인지한 후 이루어져야 한다. 하지만 아이들의 싸움일지라도, 폭력적인 성향을 띠게 되어, 폭행과 욕설을 포함한 과도한 언쟁이 있는 경우에는 반드시 부모의 개입이 필요하다. 이 경우에도 아이들의 갈등 상황에서 싸움을 멈추도록 지시하고, 폭력적인 언어와 행동이 있을 경우, 그에 대한 책임을 지도록 하는 것이 필요하다. 어느 한쪽의 편을 들거나 혼을 내기보다 감정을 조절하는 모습을 보여 주고, 객관적인 상황을 설명해 주어야 한다.

 03 | 갓 태어나는 동생과 좋은 형제관계 형성을 돕기 위해 큰아이에게 해 줄 수 있는 것이 있을까요?

　동생의 출생은 큰아이에게 있어, 연애상대가 새로운 연인을 만나는 것과 같이 충격적인 일일 수 있다. 무엇보다, 부모의 사랑을 빼앗겼다는 생각을 하고, 갑자기 맡겨진 책임과 의무에 심적으로 어려움을 경험할 것이다. 아기가 태어나기 전, 큰아이에게 아기의 존재에 대해 충분히 알리고, 출산 무렵이나 직후에도 큰아이와의 교류와 스킨십을 소홀히 하지 않아야 한다. 동생이 태어나기 이전부터, 큰아이는 퇴행의 행동을 보일 가능성이 매우 높다. 자연스러운 반응으로 이해할 필요가 있다. 또한, 큰아이의 행동이 어설프더라도 육아에 동참시키며 많은 자리에 함께하도록 한다. 호칭에 있어서는 큰아이의 소외감과 박탈감을 줄이기 위해서는 '아기'라고 부르기보다 '동생'이라는 표현을 사용하는 것이 좋다.

아이의 행동을 확인해 보세요

1) 이 정도면 부모의 관심이 필요해요.

- 어른이 없을 때 큰아이가 동생을 꼬집거나 때린다.
- 큰아이가 아기같이 행동하는 퇴행을 보인다.
- 형제자매가 같이 잘 놀기도 하지만 그만큼 많이 싸운다.

● 엄마 앞에서 큰아이가 동생에게 과도하게 희생하거나, 동생의 필요에 맞추려고 하는 행동을 보인다.

● 형제자매 간에 한 번도 긍정적인 상호작용을 한 적이 없고, 서로 가족으로 받아들이려고 하지 않는다.

● 동생이 태어난 후 큰아이의 태도와 성격이 전혀 다른 사람이 되었고, 혼나는 일이 빈번하다.

● 하루에도 여러 번 서로 욕을 하거나 신체적 폭력을 행하며 싸운다.

● 부모가 어떤 개입을 해도, 아이가 억울해하며 받아들이지 못한다.

● 동생의 물건을 일부러 버린 적이 있다.

부모님의 행동을 확인해 보세요

"그렇게 하면 아기가 아프잖니!" (큰아이가 동생을 괴롭히는 것으로 몰아가기)

큰아이는 동생의 존재에 대해 질투를 느끼기도 하지만, 경이롭고 신기하게 느끼고 보호해 주고자 하는 본능도 갖고 있다는 것을 인정해 주어야 한다. 아직 서툰 아이의 돌봄의 손길에 대해 무조건 큰아이가 동생을 괴롭힌다는 듯이 이야기하고 주의를 주는 경우가 있다. 아이들은 자신에게 기대되는 행동을 하게 마련이라, 이러한 반응을 얻으면 오히려 더 동생을 꼬집고 아프게 하고 싶어진다. 더불어 동생을 '아기'라고 부르는 것은 큰아이가 누려 왔던 '아기'라는 이름을 빼앗겨 버린 느낌을 주고, 엄마가 동생만 예뻐한다는 생각을 키울 수 있다.

"형이니까 양보해! 형이 되어서 동생을 때리면 돼?" (싸움의 맥락과 상관없이 무조건적인 사과를 요구하는 것)

아이들의 싸움에서 '너는 ~니까 네가 양보해야 해.'라고 강요하는 것은 당사자에게도 부당하고 억울한 일이고, 상대편이 느끼기에도 정정당당한 승리가 아니다. 특히, 형제관계에서 '형이니까'라는 이야기를 듣게 되면, 형제자매에 대한 경쟁심과 증오심이 더욱 커질 수 있다. 나아가, 이러한 방식이 익숙해지면 엄마의 중재는 곧 동생의 승리를 의미하게 되어, 동생은 엄마의 개입을 이용할 수도 있다. 큰아이는 엄마에 대한 반감과 배신감이 쌓일 수 있고, 퇴행을 보일 가능성이 높다. 결과적으로 큰 아이의 동생에 대한 공격적인 행동이 더 심해지게 된다.

"네가 챙겼어야지, 동생 안 보고 뭐했어?" (부모가 방관하며 큰아이에게 모든 책임을 묻는 것)

아이들은 갈등을 통해 타협하는 방법을 배워 나가기도 하지만, 아직은 미숙하기 때문에 부모의 한계설정이 필요하다. 아이들 문제라고 해서 무조건 '큰아이니까 네가 알아서 해라.'라고 방관하는 것도 아이들의 갈등이 격해지도록 부추기는 태도 중 하나다. 더불어 동생을 보호하고 필요를 채워 주는 것에 대해 큰아이에게 무조건 일임하거나, 책임을 묻는 것은 큰아이의 감정을 억압하며 지나친 기대를 보이는 것이다. 큰아이가 동생의 부모역할을 할 수 있다는 기대를 버려야 한다. 이 경우, 큰아이가 지나치게 착한 행동으로 감정을 억압하다가도, 갑자기 공격적이거나 신경질적인 반응을 보일 수 있다. 그로 인해 부모의 꾸지람을 듣고, 형제자매관계가 더 악화될 가능성도 있어, 악순환의 시작이라고 할 수 있다.

"엄마와 네가 동생을 돌보는 한 팀이야." (큰아이의 협력을 지지하며 부모와의 유대감을 강화하기)

동생이 갓난아기일 경우, 큰아이의 협조가 필요하다. 그러나 큰아이도 아직 아기일 수 있다. 많은 것을 요구하는 것은 아니지만, 함께 동생을 돌보아 가는 것이라는 인식을 심어 주는 것이 좋다. 더불어 큰아이의 소소한 행동에 격려를 많이 해 주고 긍정적인 행동을 강화해 나가도록 한다.

"금요일 오후 3시, 엄마랑 놀이 시간." (큰아이에게 온전히 애정표현을 하기)

큰아이는 동생의 출생 이후 부모의 애정이 담긴 시간과 노력의 부족감을 느낄 수 있다. 동생이 태어나기 전의 관계처럼, 엄마와 단둘이 이야기를 하고 책을 읽고, 재미있는 게임을 하는 시간이 필요하다. 많은 시간을 정해 두는 것은 어려울지라도, 매주 정해진 요일, 정해진 시간에 30분~1시간의 시간을 보내도록 한다. 엄마와의 애착이 단단해지고, 애정욕구의 불충족감이 사라지면서 큰아이의 공격성도 함께 없어지는 것을 경험할 수 있을 것이다.

"다음에 또 이것으로 싸우게 되면 어떻게 할래?" (감정조절을 돕고 문제해결능력을 향상시키기)

아이들의 갈등상황에서 해결방안을 제시하기보다 싸움을 멈추도록 단호하게 저지한다. 아이들이 엄마에게 서로 억울한 것을 이야기하는 것을 들어보기 전에, 싸움을 멈추게 한 후, 각자 따로 시간을 갖게 하는 것이 필요하다. 이렇게 할 경우, 아이들은 '엄마가 편애한다'라는 억울함은 느끼지 않고 감정을 다스리려는 노력을 보인다. 이후에는, 반복되는 싸움이기 때문에 미리 해결책을 함께 마련해 보는 것이 좋다. 각자 의견을 들어 보고 규칙을 정하도록 하는 것으로, 아이들 스스로도 과도한 에너지 낭비를 줄일 수 있고, 행동에 책임을 부여할 수 있다. 이 과정에서 무리한 것은 정하지 않고, 꼭 지킬 수 있는 간단한 해결책을 마련하는 것이 중요하다.

함께 쓰는 육아일기

활동순서

❶ 초음파 사진, 백일 사진 등을 찾고 아이의 어린 시절에 대해 이야기 나눈다
(예: 태명, 태몽, 엄마의 기분 등을 이야기해 준다).

❷ 워크시트를 활용하여 육아일기를 써 본다. 단, 동생에 대한 이야기는 배제
한다.

❸ 아이에게 육아일기를 읽어 주고, 교감의 시간을 갖는다.

알아두기

동생이 태어나면서 공격성을 보이는 아이에게는 동생에게 빼앗긴 관심과 애
정을 회복하도록 하는 것이 중요하다. 부모의 사랑의 다시금 표현해 주어야
한다.

네가 아기였을 때……

(아기사진을 붙여 주세요)

(아기사진을 붙여 주세요)

(아기사진을 붙여 주세요)

(아기사진을 붙여 주세요)

18. 세상에서 제일 만만한
우리 엄마 – 부모자녀갈등

오늘도 "빨리 앉아서 밥 먹어!"라는 엄마의 말에, 6세 기현이는 "싫어! 너나 먹어!"라며 거친 말을 하고, 이를 바득바득 갈면서 엄마를 째려본다. 매번 식사시간은 "식탁에 앉아라."라고 말하는 엄마와 못 들은 척 뛰어다니며 반항하는 기현이 사이의 전쟁터다. 아이와 실랑이를 벌이다가 엄마는 결국 매를 들 수밖에 없다. 매를 꺼내면 기현이는 움찔하며 눈치를 보기 시작한다. 결국, 오늘도 기현이는 매를 맞고 "엄마가 제일 싫어. 너무 미워."라고 혼잣말하며 울고 있다.

기현이는 어려서부터 지적을 많이 받았다. 엄마는 기현이가 유독 산만하다고 생각해 왔다. 그러한 연유로, 엄마는 기현이에게 '가만히 있어.'라고 소리치는 것이 습관처럼 되었다. 그럴 때마다 기현이는 엄마를 때리거나 못 들은 척하면서 문제행동을 일삼는다. 엄마는 기현이가 애틋하지만 기현이를 보고 웃거나 칭찬해 준 기억은 거의 없다. 기현이는 애정표현을 할 때에도 갑자기 달려와서 껴안거나, 놓으라고 해도 끝까지 잡고 늘어진다. 그래서 엄마는 기현이가 가까이만 와도 겁부터 나게 되고, 더욱 무서운 표정으로 선을 긋는다.

기현이의 부모는 아이가 태어날 무렵 갈등을 겪고, 이혼을 했다. 기현이는 아빠를 본 기억이 없다. 이혼 이후로 엄마가 혼자 기현이를 키우며, 생계도 책임지고 있다. 집에서는 엄마와 자주 부딪히는 기현이지만, 유치원에서는 '이해력이 빠르고, 친구들을 좋아한다.'라는 이야기를 듣는다. 유치원 선생님들의 말씀은 잘 듣는 편이고, 인기가 많지는 않지만, 다른 아이들과도 큰 싸움 없이 지낸다. 오히려 어떤 날은 유치원에서는 너무 소극적인 게 아닌가 하여 우려가 되기도 한다. 엄마는 기현이가 유치원을 잘 다니는 것이 다행이면서도 '왜 유독 엄마 말만 안 듣고, 엄마에게만 공격적일까?' 하는 생각을 떨칠 수가 없다. 이젠 기현이도 '엄마가 밉다.'고 하고, 엄마도 기현이 태도에 지쳐 간다.

현장 전문가에게 물어보세요

 01 | 왜 기현이는 유독 엄마에게 버릇없이 행동하고, 공격적인 태도를 보일까요?

아이들은 부모로부터 심하게 엄격한 지시나 꾸중을 들을 때, 그리고 아이의 감정이나 호소가 무시될 때 두려움과 거절당했다는 느낌을 갖게 된다. 이러한 두려움을 꾹 참다 보면 좋지 않은 감정들이 쌓이게 되면서 갑자기 충동적인 행동과 감정상태로 폭발하는 것이다. 그러한 감정표현이 반항적이고, 윗사람에 대한 적대감을 드러내는 태도로 나타나게 되는 경우가 있다. 가족문제나 아이를 둘러싼 환경에 의해 감정을 눌러 두면서, 기현이와 같이 일차적으로 부모를 대상으로 반항적인 태도를 많이 보인다.

 02 | 아이의 속마음은 무엇일까요?

'엄마는 심판자'

기현이가 원하는 것을 말해도 받아들여지지 않고, 혼나고, 매 맞는 일상 속에서, 기현이는 엄마를 '심판자'라고 느끼고 있다. 엄마의 따뜻한 반응을 받아 본 적이 드물어, 기현이도 애정표현이 익숙하지 않다. 결국, 엄마에게 사랑받고 싶어서 하는 애정표현들조차 냉담한 엄마의 표정을 마주하고, '나쁜 행동'으로 혼나게 되면서, 기현이의 '거절당했다'는 생각은 더 쌓이게 된 것이다.

'혹시 엄마도 나를 버리면 어떡하지?'

기현이는 아버지의 빈자리에 대해 무의식적으로 결핍감을 느끼면서, 버려질 것에 대한 두려움을 갖고 있다. 일상의 거절감이 이러한 두려움을 확신으로 만들 수 있다. 이러한 감정을 마주하는 것을 피하고 없애 보고자, 기현이는 산만하고 한시도 가만히 있지 않는 모습을 보이게 된다. 즉, 심리적인 두려움으로 인해 행동면에서도 자아통제력이 낮아지고 있다고 할 수 있다.

Q 03 | 성장기에는 원래 이렇게 반항적인가요?

생후 15~24개월 사이에 보이는 복종을 싫어하는 행동은 정상적인 발달에 근거한 반항성으로 이해할 수 있다. 이 시기에는 자율성에 대한 욕구가 높기 때문에 단순한 반항적 행동을 보이는 것이 일반적이다. 그러나 기현이와 같이 자아가 형성된 시기에 누군가에게 강한 거부감·적대감을 나타내거나 반항적인 행동을 보이는 양상이 최소 6개월 이상 지속되고 또 그러한 행동이 학교적응에 큰 지장을 준다면, 반항장애(Oppositional Defiant Disorder: ODD)일 수 있다. 기현이도 엄마 앞에서 유독 산만한 태도로 반항적인 태도를 보이는데, 주의력결핍 과잉행동장애(Attention Deficit Hyperactivity Disorder: ADHD)로 진단받은 35~70%가 반항장애로 발전한다고 한다. 이러한 경우, 전문적인 상담 및 심리치료를 통해 부정적 감정과 행동을 조절하도록 도와야 한다.

아이의 행동을 확인해 보세요

1) 이 정도면 부모의 관심이 필요해요.

- 버럭 화를 낸다.
- 일주일에 한두 번 가정에서 반항적인 말투와 행동을 보인다.
- 말대꾸를 한다.
- '밉다' '싫다' 는 말을 자주한다.

2) 이 정도면 전문가와 상의가 필요해요.

● 낯선 어른과 말다툼을 한다.

● 고의적으로 타인을 귀찮게 한다.

● 어른의 요구에 순응하거나 규칙에 따르는 것을 적극적으로 거부하거나 반항하여 지속적으로 문제가 된다.

● 악의에 차 있거나 앙심을 품고 욕설을 하거나 공격적인 행동을 보인다.

부모님의 행동을 확인해 보세요

1) 멈추어야 할 양육행동

"너 진짜 맞을래?" (무력으로 아이의 행동을 통제하기)

육아에서 지친 기현이의 엄마는 결국 매를 들어서 상황을 통제하는 모습을 많이 보였다. 이렇게 무력으로 아이를 제압하게 되면, 아이도 자신의 힘과 공격성으로 맞서야 한다고 생각하기 쉽다. 결국, 아이가 더욱 공격적이고 충동적이게 된다.

"사람들 많은 데에서 혼나 봐야지 정신 차리지!" (훈육에 타인을 이용하는 것)

많은 사람들 앞에서 아이가 감정이 격해져서 문제행동을 보일 경우에도, 부모는 감정적으로 대처하지 말아야 한다. 더불어, 다른 사람들의 평가를 의지하여 혼내는 태도는 아이로 하여금 '부모의 권위나 힘이 약하다.'라고 생각하도록 한다. 결과적으로, 친구와의 싸움처럼 부모와 티격태격하며 서로 화를 돋우는 양상을 띠기 쉽다. 아이를 훈육할 때에는 다그치는 말을 포함하여, 말을 너무 많이 하지 않고, 사람이 많은 곳에서는 조용한 곳으로 아이를 데리고 간 후, 단호한 말투와 표정으로 훈육한다.

"엄마한테 말버릇이 그게 뭐야, 다시 말해 봐!" (행동수정이 아닌, 기싸움을 반복하는 것)

아이의 반항적인 태도를 마주하면, 부모는 '부모를 우습게 본다.'고 생각하고, 권위를 내세우기 위해 더 큰 목소리와 엄한 행동을 보이게 된다. 아이를 대상으로 잦은 말다툼을 하는 것과 서로 화를 돋우는 태도는 아이로 하여금 더 부모의 권위에 대해 인정하고 싶지 않게 만들 수 있다. 가족 간의 상호작용은 습관화되어 있을 가능성이 높아, 부정적 패턴이 반복되지 않도록 신속하게 행동을 수정해 나가야 한다. 반복적으로 비슷한 패턴의 싸움을 아이와 하고 있다면, 먼저 부모의 반응과 행동 패턴을 바꾸어야 한다. 말을 반복시키며 실랑이를 하는 것보다, 아이가 한 말을 공손한 어투로 다시 수정해서 이야기해 주는 것이 아이의 반항적인 행동을 멈추는 데에 효과적이다. 반복되는 실랑이를 피하자.

2) 효과적인 양육행동

"그래, 좋은 생각이다! 한번 해 봐." (아이의 의견을 수용해 주기)

부모의 입장에서 자녀에게 과도하게 엄하게 대하지는 않는지 확인해야 한다. 아이가 어떠한 요구를 할 경우, '안 돼, 다음에 해.' 등 지시어투를 사용하여 무조건적으로 반대하는 태도가 있지는 않은가? 안전과 결부된 문제 등 큰 무리가 없다면 허락해 주는 것이 필요하다. 더불어, 이러한 반응 속에는 '부모로서 너의 행동을 허락해 준다.' 라는 의미가 내포되어 있기 때문에, 부모-자녀의 역할을 바로잡을 수 있고, 아이에게 수용의 경험을 줄 수 있다.

"미안해." (부정적 반응을 참고, 긍정적 반응으로 대처하기)

'말만 잘 듣는다면……' 과 같은 조건 없이 '우리 아이가 참 예쁘다.' 라는 생각이 든다면, 따뜻한 포옹으로 표현하자. 더불어 반항적인 문제행동에 반응하는 빈도보다 아이의 긍정적 행동에 더 자주 반응을 보여 주어야 한다. 아이의 감정을 읽어 주는 것도 따뜻한 태도 중 하나다. 감정이 격할 때가 아니라, 잠들기 전처럼 조금 차분한 상태에서, 아이의 내면과 행동에 호기심을 갖고 대화해 본다. 엄마를 생각하면 어떤 생각이 드는지, 왜 그런 생각이 드는지 등에 대해 이야기 나누고, 필요하다면 서로 진심 어린 사과를 해 본다. 이러한 대화를 매일 꾸준히 나눠 가면서 그날 쌓인 감정이 있다면 처리하도록 한다.

"지금 말투를 보니 ○○이가 속상한가 보네." (서로 감정을 읽고, 감정의 이름을 붙이기)

먼저, 문제행동에 대해 무조건 화를 내지 않도록 한다. 아이는 무의식적으로, 그리고 습관적으로 산만하고 반항적인 태도를 보일 가능성이 높다. 엄마의 기준으로 판단하는 것을 잠시 미뤄 두고, 객관적인 목소리와 내용으로 일차적으로 아이에게 말해 준다. 감정과 그에 따른 행동을 보이는 그대로 이야기해 주는 것이 좋다. 아이의 상태에 대해 '지금 기분이 좋아서 목소리가 커졌다.' 등으로 행동을 반영해 준다. 이후에 아이가 진정되면, 문제행동을 보인 이유에 대해 들어 보고, 감정의 이름을 알려 준다. 이후에 같은 감정을 느낄 경우 어떻게 행동하면 좋을지 아이에게 물어보고 대안책을 찾아본다.

5분 양육 tip

교환일기 쓰기

활동순서

❶ 수첩에 날짜를 쓰고, 가족들이 간단한 문장으로 감정을 표현해 본다.

❷ '나는 (엄마는) _____해서 기분이 _____하다.' 등으로 짧게 써 본다.

❸ 표정 스티커를 이용하여 오늘의 표정을 고른 후 내용을 써 나가 보도록 한다.

❹ 서로 일기를 쓴 후, 조언 대신 '그런 일이 있었구나!' 하며 이해해 보는 시간을 갖는다.

❺ 아이가 쓴 부분에 대해 엄마가 교환일기로 써서 완성한다(단, 변명이나 비난은 생략한다.).

_____년 ____월 ____일

(부모)의 일기

오늘의 표정

오늘 나는 ○○이가

_____ 해서

기분이

_____ 하다.

○○이의 일기

오늘의 표정

오늘 나는 엄마가

_____ 해서

기분이

_____ 하다.

07

신체적
어려움을 보이는 아이

19. 내 몸은 놀이터 - 자위행동

"가연아! 손이 또 어디로 가는 거야!" 유치원에 다니는 6세 가연
이 엄마는 오늘도 가연이 손을 단속하기 바쁘다. 엎드려 TV를
보면서 가연이는 또 바지 안에 손을 넣고 땀을 뻘뻘 흘리고 있
다. 아빠도 다함께 있는 거실에서 그런 행동을 보이니, 엄마는 민망하고, 속상

하다. 얼마 전에 유치원에서 가연이가 책상 모서리에 성기를 문지르는 행동을 보인다며 전화가 왔었다. 선생님은 가연이의 행동을 주변 아이들이 따라 하기 시작했다며 걱정스럽게 말씀하셨다. 전화를 받고 엄마는 당황해서 얼굴이 화끈거리고 어쩔 줄 몰랐다.

주말 부부로 지냈던 가연이 엄마는 직장을 다니며 혼자 가연이를 양육했다. 유치원에 야간반이 있어 늦게까지 가연이를 맡길 수 있어 다른 사람 도움을 받지 않고 키울 수 있었지만, 엄마도 몸이 지쳐 가연이에게 제대로 관심을 주기 어려웠다. 유치원에서 이런 전화를 받고 집에서 가연이를 유심히 지켜보니, 가연이의 자위행동 횟수는 생각보다 많았다. 엄마가 지속적으로 지적을 하니 이제 몰래몰래 눈치를 보고, 자꾸만 혼자 방에 있으려고 한다. 잠들기 전에도 성기를 자극하며 얼굴이 상기되고 땀을 뻘뻘 흘릴 때가 많아, 억지로 손을 이불 위에 올려놓고 잠들게 할 때가 다반사다. 혹시 사람들이 많을 때에도 이런 행동을 보일까 봐 가연이와 외출할 때 노심초사하며 행동을 단속하기 바쁘다. 졸졸 쫓아다니며 일거수일투족을 모두 확인하려고 하니 엄마도 너무 지친다.

엄마 마음도 모르고 가연이의 자위행동은 줄어들지 않는다. 일일이 단속이 힘드니, 가연이와 외출도 안 하고 대부분 집에서 시간을 보낸다. 민망한 부분이라 어디 가서 의논하기도 부끄럽고, 도대체 어떻게 해야 할지, 이 상태로 계속 유치원을 보내도 되는 건지 엄마는 고민이 많다.

현장 전문가에게 물어보세요

 01 | 아이들은 왜 성기를 자극하거나 자위행위를 하게 될까요?

만 3세 정도부터 아이들은 자신의 성기를 탐색하고, 호기심을 갖기 시작한다. 이것은 태어나서 손가락을 빨고, 발가락을 가지고 노는 것과 비슷한 종류의 호기심으로, 일반적으로 어른들이 이야기하는 성적 호기심과는 다르다. 우연히 성기에 자극이 주어졌는데 자극이 신기하고 쾌감이 있었다면 아이는 그것을 재미있는 놀이로 생각하게 된다. 아이가 성기에 관심을 가지기 시작했다고 너무 놀라거나 당황하지 말자. 아이는 그저 또 다른 재미있는 놀이를 발견한 것일 뿐이다. 아이가 지나치게 성기를 만진다면, 우선적으로 성기에 염증이나, 가려움증 등 질병 여부에 대해 확인해 보는 것이 좋다.

 02 | 이렇게 어린아이들도 자위행동을 하나요?

태어나면서부터 아이들은 자신의 몸에 대해 관심을 갖게 된다. 몸에 대한 호기심은 연령에 따라 다른데, 태어나서부터 12개월까지는 입에 관심이 집중되고, 24개월이 지나면 항문에, 3세부터는 성기에 관심을 갖기 시작한다. 36개월이 지나면 성기를 관찰하는 것에 집중하기 시작하고, 자극을 주어 쾌감을 느끼게 되면 자연스레 몸놀이로 연결이 된다. 몸놀이의 일종인 자위행동은 7세 정도까지 지속되며 이는 발달과정의 자연스러운 현상이다. 일반적으로 유아 자위행동은 여자아이들에게 더 자주 발견되며, 한두 번 성기를 자극하면서 놀다가, 다른 흥밋거리가 생기면 자연스럽게 사라지는 것이 일반적이다.

 03 | 엄마에게 말하지 못하는 성적으로 불미스러운 경험이 있었다든지, 음란물에 노출된 건 아닐까요?

어린 자녀가 성기에 대해 관심이 높아지면, 혹시 성추행이나 성폭력을 당한 것은 아닌지, 음란물에 노출된 건 아닌지 걱정을 하게 된다. 아이가 음란물에 노출되었다면 성기에 대한 가벼운 호기심을 보인다기보다, 성기나 성에 대해서 거부적이고 무서워하는 경우가 많다. 성적 학대를 받았다면, 평소와 다른 정서적인 반응들이 함께 보일 테니 과도하게 걱정하며 아이를 추궁하는 대신에 우선 아이를 관찰하고 심리상태를 살펴보는 것이 좋다. 7세 정도가 되면 연령에 맞는 성교육을 실시하는 것이 도움이 되며, TV나 영화, 게임 등에 노출될 때는 매체에서 제공하는 연령제한을 지키는 것이 좋다.

아이의행동을 확인해 보세요

1) 이 정도면 부모의 관심이 필요해요.

● 가끔씩 성기를 만지거나 성기에 대한 질문이나 관심이 많다.

● 하루에 두세 번 정도 성기를 자극하는 행동을 보이지만, 관심의 전환이 잘 이루어진다.

● 잠들기 전에 잠옷 안으로 손을 넣으며 성기를 만지는 일이 종종 있다.

2) 이 정도면 전문가와 상의가 필요해요.

● 틈이 날 때마다 성기에 손을 가지고 가고, 성기 만지는 것에 지나치게 집착한다.

● 또래와 어울리지 않고 자꾸만 혼자 있으려 하고 혼자 있을 때에는 지속적으로 자위행동을 한다.

● 공공장소 등에서도 주변을 의식하지 않고 자위행동에 몰입한다.

● 다른 사람들의 성기에도 지나치게 관심이 많고 부모나 친구들의 성기를 일부러 치거나 만지는 행동을 보인다.

부모님의 행동을 확인해 보세요

1) 멈추어야 할 양육행동

"또 만진다! 그거 나쁜 행동이야! 엄마가 거기 자꾸 만지지 말라고 했지!" (행동이 보일 때마다 지적하며 야단치는 경우)

자위행동이나, 성기를 자극하는 행동을 보이게 되면 엄마들은 다른 일들보다 훨씬 더 당황해 감정적으로 대처하게 된다. 행동이 보일 때마다 지적하고 유난을 떨면서 야단을 치게 되면, 아이는 그 순간 위축되지만, 그 행동에 더 집착하게 된다. 성기는 일종의 호기심의 대상이고, 성기를 자극하는 것도 일종의 놀이라고 생각하고 있는 아이들에게 자꾸 지적을 한다면, 외부세상이나 자신의 신체에 대한 호기심만 억누르게 될 뿐이다.

"아우 창피해! 엄마는 몰라~ 엄마 간다~." (수치심을 주며 외면하는 경우)

아이가 사람들이 많은 곳이나, 공공장소에서 성기를 자극하거나 자위행동을 하면 차분하게 '많은 사람들 앞에서 그렇게 하는 것은 부끄러운 행동' 임을 알려 줄 필요는 있지만, 수치심을 주는 것은 좋지 않다. 수치심을 가지게 되면 나중에 성장을 해서도 지나치게 성에 대한 강박이 생기거나 거부감이 생길 수 있다. 반대로, 아예 모르는 척하고 외면하면 아이가 겁을 먹고 행동을 멈출 것이라고 생각하고, 그냥 방치해 두는 경우도 많은데, 그것보다는 이런 행동에 대해 엄마가 신경이 쓰이고 걱정이 된다는 마음을 전달하고 함께 해결해 보자는 태도가 훨씬 효과적이다.

"시도 때도 없이 자꾸 만지니까 너랑 어디를 같이 못 가겠어!"
(행동 때문에 외부와 거리를 두는 경우)

아이가 공공장소에서 성기에 자꾸 손을 대는 행동을 보이면, 엄마는 이 행동이 사라질 때까지 당분간 공공장소를 피하거나 여러 사람들을 만나는 자리를 피해야겠다고 생각하기 쉬운데, 이것은 별로 좋은 방법이 아니다. 자위행동은 보다 즐겁고 재미있는 자극이 있을 때 사라지므로 또래와 함께 놀거나, 외부자극이 많은 활동들을 하는 것이 좋다. 고립되어 혼자 있는 시간은 아이를 더 심심하게 만들고, 자위행동이나 성기를 자극하는 행동에 더 집착하게 만들 수 있다.

2) 효과적인 양육행동

"우리 오늘은 뭐 하고 놀까? 찰흙 가지고 놀아 볼까?" (아이의 관심을 다른 곳으로 돌려 주고, 재미있는 활동들을 제시하기)

심심하고 지루할 때 성기에 우연히 자극이 가해지면 성기를 자극하는 것이 재미있는 놀이임을 알게 된다. 성기에 지나치게 집착하거나 자위행동을 자주 한다면, 아이가 평소 외롭거나 심심하다는 표시일 수 있다. 아이와 함께 놀아 주며 정서교류 할 수 있는 시간을 늘리고 성기를 자극하는 것 보다 더 재미있는 놀이들을 함께해 주면 자위행동은 자연스레 조금씩 줄어들게 된다. 아이들이 에너지를 쏟아부을 수 있는 운동이나 손가락을 자극할 수 있는 찰흙놀이, 종이접기, 블록 만들기 등의 활동이 효과적이다. 아이가 성기를 만지는 상황이라면 "가연아~ 저기 뭐지? 저기 뭐 있는지 한번 열어 볼까?"라고 하며 즉각적으로 관심을 다른 곳으로 돌려 주는 것도 필요하다.

"우리 몸에서 가장 소중한 부분이라서 속옷으로 보호하고 있는 거야." (성기는 소중한 몸의 일부임을 차근차근 설명해 주기)

여러 사람이 있는 앞에서 짜증을 내면서 훈육을 하기보다는 조용한 공간에서 아이와 차분히 대화할 수 있을 때 성기는 우리 몸에서 매우 중요한 신체 일부임을 설명해 준다. 중요하고 소중한 부분이기 때문에 다른 신체부위와 다르게 속옷을 입는 것이라고 알려 주며, 함께 예쁜 속옷을 고르거나, 소중하게 보호하는 방법을 나눠 보는 것도 좋다. 이 과정에서 손으로 자꾸 만지거나, 자극을 주면 병균이 생길 수도 있음을 알려 주자. 쉽게 성기를 만질 수 있는 고무줄 바지나 치마, 성기를 자극할 수 있는 꽉 끼는 옷은 당분간 삼가는 것이 좋다.

"만지고 싶을 때 엄마한테 알려 줄래? 우리 둘만의 비밀이야
~." (수치심이 들지 않고 행동을 수정할 수 있도록 격려하기)

성기를 가지고 놀고 싶은 마음에 대해서는 충분히 공감해 주
지만, 다른 사람에게 보일 때는 부끄러운 행동일 수 있다고 알려
주는 것은 필요하다. 이 때 수치심을 주지 않고 이야기하는 것이
중요하며 행동을 변화하기 위해 엄마가 기꺼이 도와줄 수 있음
을 알려 주고, 격려하는 것이 좋다. 만지고 싶을 때 엄마에게 이
야기하면 만지고 싶은 마음에 대해 충분히 들어 주고, 다른 흥미
로운 활동으로 아이의 관심을 전환시켜 줄 수 있도록 하자. 아이
의 관심이 잘 전환되면 적극적으로 칭찬해 주는 것도 좋다.

성기의 자극이 재미있어서 성기에 지속적으로 자극을 주는 것이기 때문에 성기 이외의 다른 감각기관들을 자극하는 놀이를 하면 성기에 대한 주의가 다른 것들로 전환된다. 오감을 자극할 수 있는 여러 가지 놀이가 도움이 된다.

활동순서

❶ 쉐이빙폼을 준비하여 아이와 함께 만지고 주무르며 놀이한다. 이때 장갑을 끼지 않고 맨손으로 놀이하며 촉감을 자극하는 것이 좋다.

❷ 워크시트에 준비된 남색 종이에 엄마 지문, 아이 지문을 찍어 보고 그 위에 밀가루나 녹말가루를 뿌려 손 모양이 드러나게 작품을 만든다.

❸ 작품을 만들고, 나머지 밀가루와 녹말가루를 가지고 물과 섞어 주무르고 만지는 놀이를 한다.

★ 놀이시간에는 제약을 두지 말고 최대한 자유롭게 오감놀이를 할 수 있도록 해 주는 것이 좋다. 집에서 따로 활동할 경우, 큰 도화지를 사용하면 좋다.

알아두기

성기의 자극이 재미있어서 성기에 지속적으로 자극을 주는 것이기 때문에,

성기 이외의 다른 감각기관들을 자극하는 놀이를 하면 성기에 대한 주의가 다른 것들로 전환된다. 오감을 자극할 수 있는 여러 가지 놀이가 도움이 된다.

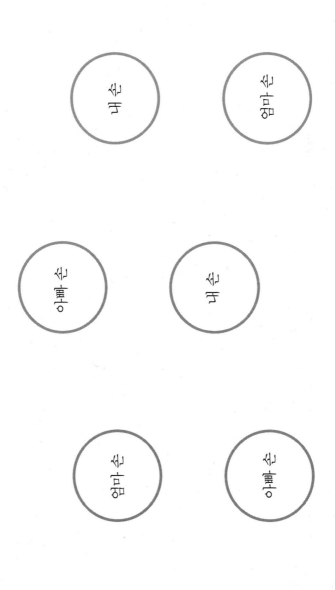

워크시트 남겨주이나, 감정주이면 준방이게 주세요.

20. 자다가 번개 맞는 아이 – 야경증

사례

이제 다인이가 잠든 지 두 시간……. 곧 깰 것 같다. 아니나 다를까, 10분도 지나지 않아 방에서 "아아앙~~~~~." 하고 다인이의 울음소리가 들린다. 엄마는 빛의 속도로 타다닥 방안으로 뛰어 들어가 다인이를 안는다. 오늘도 다인이는 발버둥을 치며 온몸으로 엄마를 거부한다. 달래도 울고 안아 줘도 싫다 하고 엄마는 속수무책으로 진땀을 뺀다. 잠이 덜 깬 채 울어 대는 모습에 걱정돼서 흔들어 깨워 보지만 별 소용이 없다. 울고 불고 달래다 다시 울고 하기를 한 시간……. 다인이는 겨우 다시 잠이 들었다. 올해 네 살이 되는 다인이는 태어날 때부터 오래 자지 못하고 잠투정이 심했다. 6개월 전에 동생이 태어난 후에는 밤에 깨서 우는 일이 많았는데, 최근에는 한 시간 가까이 소리 지르고 발악하며 운다. 한 번은 다인이 아빠가 다인이를 달래다가 참다 못 해 그만 울라고 소리를 지르고 방에서 나가 버렸다. 다음 날 회사를 가야 하는 아빠는 늘 다른 방에서 잠을 자지만 다인이가 심하게 울어서 잠을 설치는 날이 많다. 엄마는 아이 둘을 보느라 잠이 부족하니 자꾸 다인이에게 짜증을 내게 된다.

답답한 다인이 엄마는 인터넷에서 검색을 통해 다인이가 야경증이라는 것을 알게 되었다. 야경증은 이유도 분명하지 않은데, 잠을 너무 많이 자거나 못 자는 경우, 낮에 스트레스를 받은 경우, 불안을 쉽게 느끼는 아이인 경우, 예민한 아이인 경우 등등 각양각색이다. 하지만 치료를 위한 특별한 방법은 없고 좀 더 크면 자연스럽게 사라진다고 하는데 언제까지 밤에 우는 아이를 견뎌야 하는지 막막하다.

현장 전문가에게 물어보세요

 01 | 자다 깨어 우는 야경증, 인터넷에 찾아보면 이유가 너무 많아요. 도대체 무엇 때문이죠?

실제 생후 5년까지의 아이들 중 95%는 1주에 1번씩 밤중에 깨며, 밤마다 한 번 이상 깨는 아이들은 70%에 이른다. 만 5세경에는 21% 정도의 아동이 하루 한 번 정도 깨어나 울고 부모를 찾는다. 특히, 아이들이 보이는 수면문제 중 부모를 가장 걱정스럽게 하는 것은 '야경증'이다. 야경증은 주로 잠이 든지 1~2시간 사이에 공포에 질린 듯 놀라서 깨며 대체로 다음 날 이를 기억하지 못한다. 4~12세 사이의 아이들 중 1~6% 정도가 경험하지만 시간이 지나면 사라지는 경우가 대부분이다. 부모를 걱정스럽게 하는 수면문제는 안타깝게도 그 원인을 뚜렷히 찾아내기 어렵다. 신체적인 문제, 스트레스를 일으키는 생활에서의 사건들, 환경의 변화, 연령에 적합한 공포와 같은 정서발달뿐 아니라 아이들의 기질과 환경에 쉽게 영향을 받는 영유아기에서 나타나기 때문에 원인이 천차만별일 수 있기 때문이다.

02 | 밤잠을 잘 자야 잘 큰다는데, 자다 깨서 이렇게 오랫동안 울고 진이 빠지면 건강상에 문제가 생기지 않을까요?

아동의 하루 총 수면시간이 연령별 평균수면시간에 근접하다면 일주일에 2~3차례, 한 번씩 깨는 정도는 크게 문제 되지 않는다. 돌 전 모유를 먹는 영아의 경우 밤사이 서너 번 깨어 젖을 먹고 자는 경우도 많은데 모든 영아가 발달상 문제를 겪는 것은 아니다. 그러나 성장하면서 숙면의 시간이 늘어나지 않고 자주 깨서 보채거나 매일같이 진 빠지도록 운다면 관심을 가져야 한다. 잠을 잘 자지 못했을 때, 우리는 피로하고 신경이 곤두서며 쉽게 짜증이 난다. 불안이 높거나 예민하고 까다로운 아이들은 특히 수면문제를 보이는 경우가 많다. 수면의 질이 낮고 수면시간이 지속적으로 부족하면 스트레스에 대한 면역력이 떨어지고 균형적으로 발달하는 데 어려움을 가질 수 있다. 따라서 잠을 잘 자지 못해 짜증이 늘거나 늘어져 있는 모습이 계속 보인다면 전문가와 상의하는 것이 필요하다.

03 | 자주 깨서 우는 아이, 달래려고 해도 달래지지 않아요. 이럴 땐 어떻게 해야 하죠?

야경증을 보이는 아이를 부모가 안정시키기 위해 안아 주려 해도 안기지 않고 발버둥 치는 것을 경험하게 될 것이다. 아이를 안아서 달랠 수도 그렇다고 내버려 둘 수도 없는 상황에서 부모는 매우 답답하고 안타까울 수밖에 없다. 잠이 완전히 깬 상태로 울며 소리 지르는 것이 아니기 때문에 부모는 아이를 깨우면 달래질 것이라고 생각할 수 있는데, 아이를 흔들고 뺨을 치거나 이름을 크게 불러 억지로 깨우는 것은 좋지 않다. 부모가 놀라지 않은 목소리로 아이 옆에 있다는 것을 인지시켜 줄 수 있는 행동을 취하고 몸이 다치지 않을 정도로 아이의 몸을 통제해 주는 것이 도움이 될 것이다. 그리고 스스로 조금씩 잦아들 때까지 부모가 견뎌 주는 것이 좋다. 만약 깨지 않고 달래져 그대로 잠이 들어도 무방하다.

 04 | 저희 아이는 자다 깨서 울지는 않는데, 아예 잠을 자려고 하지를 않아요. 그건 문제가 없는 건가요?

수면문제에는 야경증만 있는 것은 아니다. 스트레스 상황에서 갑자기 잠에 빠져드는 기면증, 잠에 빠지기 어려운 불면증도 있다. 부모는 아이가 편안한 잠자리를 가지도록 환경적으로 도와주어야 하는데 그럼에도 잠이 드는 데 두세 시간 이상 혹은 자다 깨어 다시 잠이 들지 못하는 모습이 보인다면 '소아불면증'일 수 있으니 전문가와 상의하여 아이에게 필요한 치료를 해야 한다. 실제 초등학생 아동이 '자고 싶은데 잘 수가 없다.'고 울며 불면증으로 힘들어하는 경우가 있다.

아이의행동을 확인해 보세요

1) 이 정도면 부모님의 관심이 필요해요.

● 밤에 자주 깨어 보채지만 토닥여 주거나 같이 있어 주면 잠시 후 다시 잠든다.

● 낮잠과 밤잠(깨어 우는 시간 제외)을 합한 시간이 연령발달상의 적정 수면 시간과 비슷하다.(신생아 14~17시간, 돌 전후 12~15시간, 만 2세 전후 11~14시간, 만 3~4세 10~13시간)

● 아침에 잠에 깨어 피곤해하거나 기분이 썩 나쁘지 않다.

● 규칙적인 생활을 하는 편이고 안정된 환경에서 지낸다.

● 최근 심리적 스트레스를 받을 만한 사건이 별로 없었다.

2) 이 정도면 전문가와 상의가 필요해요.

● 최근 3개월 동안 일주일에 4일 이상 야경증(자다 깨어 심한 수준으로 울고 발버둥 치며 그다음 날 기억하지 못함) 증상을 보인다.

● 낮잠과 밤잠을 합한 시간(깨어 우는 시간 제외)이 연령발달상의 적정 수면 시간보다 현저히 부족하다.

- 밤에 자다 깨어 울고 난 다음 날은 일어나서 짜증을 내고 많이 피곤해한다.
- 까다로운 기질의 아이였고 지속적으로 잠과 관련되어 양육이 힘들었다.
- 최근 환경의 변화가 있어서 심리적으로 스트레스를 받았다.

부모님의 행동을 확인해 보세요

1) 멈추어야 할 양육행동

"어머, 어머, 어머, 어머! 얘, 왜 이래! 일어나 봐, 다인아! 다인아?" (호들갑을 부리며 지나치게 놀란 반응하기)

자다 깨어 우는 아이를 보고 같이 놀라 소리를 지르거나 아이를 흔들어 깨우고 있다면 바로 멈추어야 한다. 야경증을 포함한 자다 깨어 우는 모든 수면문제는 아동이 무의식적인 상태에서 일어난다. 비몽사몽한 채로 의식이 분명해질 때, 부모의 격양되고 흥분한 반응을 본다면 더욱더 무섭고 위험한 상황이라 자각할 수 있다. 이는 오히려 부모가 어두운 밤중 공포영화의 귀신으로 등장하는 꼴이 되는 것이다. 아무것도 기억하지 못하는 야경

중이라고 할지라도 몸의 감각이 기억할 수 있으므로 소리 지르며 아이 이름을 부르거나 흔들어 깨우는 것은 삼가야 한다. 마음은 놀라겠지만 최대한 차분히 접근하도록 마음을 다스리자.

"어제 늦게 잤으니 아침 늦게까지 재워. 유치원(학교) 좀 늦으면 어때?" (규칙적 생활을 자주 방해하여 생활패턴 흩트리기)

잠이 힘든 아이들에게는 규칙적인 생활 습관이 더욱 중요하다. 그래야 잠자는 시간을 몸이 예측하고 편안하게 수면이 유도되기 때문이다. 밤에 잘 자지 못한다는 이유나 외부활동, 부모의 약속으로 인해 불규칙한 생활이 반복된다면 아동은 수면시간을 예측하기 어려워지며 수면의 질도 떨어진다. 몸과 마음이 편해야 잠도 잘 잔다고 한다. 반대로 잠을 잘 자야 하루가 편안하다고도 한다. 아이가 안정되고 규칙적인 생활로 몸과 마음이 편안해야 자지 않으려 떼쓰는 모습도 밤에 깨어 우는 모습도 점점 줄어들게 된다.

"밤에 그렇게 울고불고 엄마 때리고! 또 자다가 엄마한테 그러면 혼날 줄 알아!" (밤사이 울며 일어난 일을 기억 못하는 아이에게 상황을 상기시키며 비난하거나 야단치기)

전날 엄청 울고불고 발버둥 치다 심지어 부모를 때리게 되기도 하는 야경증의 경우, 안타깝게도 아이는 잘 기억하지 못한다. 아이는 기억에 없는데 부모가 이를 문제 삼고 비난하거나 야단친다면 아이는 뭔가 모를 억울함과 죄책감을 가지게 된다. 내가 기억하지 못하는 시간에 하는 행동으로 인해 아이는 점점 더 불안해지지 않을까 생각해 보자. 마치 술에 취해 필름이 끊겨 비밀을 발설하지는 않았을까 하는 불안감과 비슷하다고 한다면 아이의 마음이 이해가 되지 않을까. 아이로 인해 밤잠을 함께 설친 부모도 짜증과 피로가 함께 있겠지만 그래도 이것만큼은 모른 척 넘어가 주자.

2) 효과적인 양육행동

"자다 깨서 많이 놀랐구나. 엄마(아빠)가 옆에 있어. 진정될 때까지 함께할게." (다시 잠들 수 있도록 지켜 주고 견뎌 주기)

　잠에 깨어 우는 아이에게 가장 필요한 것은 어떤 일에도 자신을 지켜 주는 보디가드이다. 아무리 발버둥을 치고 힘들어해도 잦아드는 순간 아이는 부모의 목소리, 온기를 느낀다. '내 옆에서 지켜 주고 있었구나' 하는 안도감의 반복적 경험은 안정감과 신뢰를 줄 수 있다. 그러니 아이가 힘들어할 때 한 번, 두 번, 백 번이라도 같은 마음으로 아이의 옆에서 지켜 주자.

"무엇 때문에 잠을 못 자는지 찾아보자." (수면을 방해하는 원인을 찾아 제거하기)

　아동이 수면에 문제를 일으킬 수 있는 이유들을 적극적으로 찾아보는 것도 좋다. 불규칙적인 생활을 하는지, 밤에 많이 먹는 것이 문제인 건 아닌지, 최근에 스트레스가 될 만한 사건을 겪었는지 등을 살펴본다. 밤사이 일어나는 울음의 강도와 빈도수를 헤아려 보면 분명 일치하는 상황들이 있을 것이다. 수면일지를 쓰는 것도 좋은 방법이다. 특히 수면을 방해하는 전자기기(휴대폰과 텔레비전 등), 화려한 영상과 그림이 있는 매체물, 공포스러운 말(도깨비, 무서운 아저씨 등)과 소리들은 멀리하자.

"편안하고 안전하게 잘 수 있도록 도와줄게." (잠자는 환경을 안전하고 편안하게 조정하기)

잠자는 곳이 안전한 곳이라고 느낄 수 있도록 환경을 조정하자. 아동이 좋아하는 베개와 이불, 애착인형 등을 이용하는 것이 좋다. 특히, 잠에서 깨어 울 때 어둡고 어떤 상황이 벌어지는지 알 수 없기 때문에 수면등을 켜 주거나 침대 주변에 푹신한 가드를 설치해 혹시 모를 사고를 미리 예방할 수 있도록 하자.

"잠이 들기 전에 조용한 음악을 듣거나 책을 읽어 보자." (잠들기 전 충분히 몸과 마음을 이완하기)

잠자기 전, 한 시간은 매우 중요하다. 밤사이 수면의 질을 높이는 것은 깨어 있는 동안의 경험이 좌우하니 비록 낮에 힘든 일이 있었더라도 잠자기 전 기분을 전환해 주고 편안한 분위기를 만들어 준다면 조금은 더 편안하게 잠을 이루는 데 도움이 된다. 따뜻한 물로 반신욕을 하거나 조용한 음악을 듣고 편안하게 엄마의 목소리를 들으며 잠이 드는 것, 잠을 잘 자게 해 준다는 허브향이

나는 아로마나 디퓨저를 활용하는 것도 좋다. 한두 번의 노력으로 실패했다고 포기하지 말자. 수면문제는 생각보다 부모에게 많은 인내심을 요구하는 끈질긴 녀석이기 때문이다.

그림자 놀이

준비물: 손전등, 그림틀(다음 장의 활동지 참조), 아빠 엄마의 상상이야기

활동순서

❶ 다음 장의 그림들을 사용하거나 부모님이 손으로 모양을 만들어 놀이할
수 있다.

❷ 방에 불을 끄고 손전등으로 그림틀(손 모양)을 비추어 벽에 그림자를 만든다.

❸ 그림자를 이용하여 엄마가 해 주는 꿈나라 동화 이야기를 시작한다.

❹ 무서운 도깨비가 나타나거나 괴물이 등장하는 이야기는 피하고 꿈나라로
여행하기, 편안하고 사랑스러운 이야기를 들려준다.

알아두기

잠이 들기 전, 즐겁고 행복한 마음으로 꿈나라로 여행갈 수 있도록 도와 좀
더 이완되고 편안한 잠자리를 제공하는 데 도움이 된다.

21. 밤만 되면 지도 전문가 - 야뇨증

7세인 수진이의 엄마는 오늘도 깊은 한숨으로 하루를 시작한다. 수진이가 간밤에 이불지도를 그렸기 때문이다. '혼을 내야 하나, 그럼 다시 기저귀를 채워야 하나…….' 다른 아이들처럼 3세 때부터 배변훈련을 시작했고 잘해 냈던 수진이가 실수를 하기 시작한 건 6개월

전부터이다. 엄마는 어떻게 해야 이불지도로부터 벗어날 수 있을지 고민이 많다. 엄마가 이렇게 갈팡질팡 고민을 하고 있는 동안 수진이는 훌쩍이며 엄마 눈치만 보고 있다.

수진이는 야무지고 똑 부러지며 사람들에게 칭찬과 예쁨을 받는 아이다. 어디서든지 인사도 잘하고 유치원에서는 발표도 잘한다. 엄마는 아이가 3세 때쯤 기저귀도 완전히 떼고 잘 크고 있다고 생각했는데, 6개월 전부터 갑자기 이불에 오줌을 싸게 되면서 걱정이 커졌다. 주변 엄마들에게 물어보고 인터넷도 찾아보는데, 각각 방법이 다르고, 나아지는 것은 없다. 이제 엄마는 이불 빨래에 지쳤고, 되도록 기저귀를 착용하도록 한다.

엄마는 이러한 수진이의 실수가 마음에서 오는 건 아닐까라는 생각이 든다. 8개월 전쯤 이사도 하고, 엄마가 풀타임 근무를 하게 되어 수진이도 유치원에 있는 시간이 길어졌다. 이런 환경의 변화가 수진이가 밤에 오줌을 싸는 것과 관련이 있는 건 아닌가 싶어 엄마는 수진이에게 미안하기도 하고 마음이 무거워진다.

현장 전문가에게 물어보세요

 01 | 얼마나 많은 아이들이 이런 문제를 보이나요?

만 5세가 지나서도 자다가 이불이나 침대에 오줌을 싸는 것이 주 2회 이상 반복되고, 3개월 이상 지속되었다면 이를 소아야뇨증이라고 한다. 한 통계자료에 의하면 유아의 15%가 야뇨증 증상을 보인다고 한다. 보통 여자아이 보다 남자아이들이 더 많이 경험하며 대부분 자연스럽게 나아지나 부모의 대처에 따라 그 기간이 짧아지거나 길어지기도 한다.

02 | 야뇨증은 왜 생기는 것인가요?

야뇨증의 원인은 선천적인 요인과 스트레스로 나뉜다.

선천적인 경우, 태어나서 한 번도 야뇨증상이 멈춘 적이 없으면 가족력이 있을 가능성이 크다. 이러한 경우 신장과 방광의 발달이 늦고 항이뇨호르몬의 분비가 원활하지 못하기 때문에 다른 아이들에 비해 야뇨증상이 더 오래 지속된다. 증상이 길어지는 경우, 초등학교 고학년까지 부모의 노력이 많이 필요한 경우도 종종 있다. 이러한 과정에 있어 가장 중요한 것은 부모의 인내심이다. 또한 밤잠 들기 전의 음식 및 음료와 물 섭취 조절이 필수적이다.

환경에 의한 스트레스로 인한 야뇨증은 야뇨가 시작된 시점에 아이에게 스트레스가 될 만한 일은 없었는지 탐색해 봐야 한다. 예를 들어, 부모의 이혼이나 이사, 동생이 태어남, 심하게 혼나거나 사고가 있었던 것 등과 같이 아이가 겪었던 일들을 생각해 보는 것이 좋다.

잔소리를 지나치게 많이 하거나 지적과 강압적인 지시를 많이 하는 양육환경에서 자란 아이들은 야뇨증상을 쉽게 보이기도 한다. 내 아이가 야뇨증상의 어려움을 겪고 있다면 부모 입장에서 무심코 하는 잔소리와 행동을 줄이고 부정적인 부분을 자주 언급하기보다는 대안행동을 알려 주어야 한다. 또한 아이의 긍정적인 행동에 자주 반응해 주도록 해야 한다.

 03 | 혼내는 것이 좋을까요? 기저귀를 채우는 것이 좋을까요? 어떻게 해야 하나요?

지나치게 혼을 내는 것은 아이에게 스트레스만 줄 뿐, 상황이 좋아지게 해 주지 않는다. 아이가 더욱 위축되고 부모와 사이가 안 좋아지며 다른 정서적 어려움들까지 동반될 수 있기 때문이다. 아이에게 부드럽지만 단호한 태도를 취하되, 자다가 오줌이 마려울 때 화장실을 가야 하는 것에 대해 한 번 더 알려 주도록 하자.

혼을 내는 대신 부모가 지켜야 할 몇 가지 원칙이 있다.

첫째, 이미 만 5세가 넘은 아이가 무조건 기저귀에 의존하도록 하는 것은 좋은 방법이 아니다. 아이와 기저귀를 차고 잘지, 스스로 노력을 해 볼지에 대해 함께 상의하고 아이가 결정하도록 한다.

둘째, 잠들기 전 1~2시간 전에는 물이나 음식을 섭취하지 않도록 해야 한다. 야뇨증상은 아이의 몸 안의 리듬이 주는 영향도 크기 때문에, 잠들기 전 음식이나 물 또는 음료 섭취가 습관이 되지 않도록 해야 한다.

셋째, 아이가 낮 시간 동안 과도한 스트레스를 받게 되면 밤잠을 잘 때 소변이 마려운 것을 느끼지 못할 정도로 깊게 잠들게 된다. 내 아이가 감당하지 못할 스트레스의 요인들을 찾아보고, 하나씩 줄여 나가는 것이 필요하다.

Q 04 | 약을 먹어야 할까요?

보통은 부모가 신경 쓰며 스트레스 상황을 줄여 주면 좋아졌다가 더 안 좋아지는 것을 반복하다가 6~10세 사이에 저절로 없어지기도 한다. 하지만 야뇨증으로 부모 자녀 간의 사이가 안 좋아지고, 가족 모두에게 큰 스트레스가 된다면 전문 심리치료 기관의 방문을 권한다. 그리고 지나치게 오랜 기간 동안 야뇨증의 어려움이 경험하고 있다면 야뇨증을 완화시켜 줄 약을 권하기도 한다. 다른 어려움과 마찬가지로 약물복용은 항상 의사나 전문가와 상의해야 하며, 어린 연령의 아이일수록 매우 신중하게 선택해야 할 부분이다.

아이의 행동을 확인해 보세요

1) 이 정도면 부모의 관심이 필요해요.

- 주 1회, 한 달에 2~3번 정도 실수한다.
- 자신도 모르게 이불에 오줌을 싸게 되면 스스로 알아채고 일어나 이야기한다.
- 때론 자다가도 화장실에 다녀온다.

2) 이 정도면 전문가와 상의가 필요해요.

● 주 2회 이상, 3개월 이상, 반복적으로 야뇨증상을 보인다.

● 지나치게 깊게 잠들어 오줌을 싼 후에도 전혀 느끼지 못하고 아침까지 젖은 상태로 잔다.

부모님의 행동을 확인해 보세요

1) 멈추어야 할 양육행동

배변훈련을 어린 나이에 요구한다. (18개월 이전에 배변훈련 시도하기)

지나치게 어릴 때 배변훈련에 욕심을 내게 되면 야뇨 증상을 보일 확률이 높다. 전문가들은 배변훈련을 24개월에서 30개월 사이의 아이에게 권하며, 겨울보다는 봄~여름에 시작하는 것이 더 낫다. 하지만 이러한 월령이나 계절보다 중요한 것은 아이가 준비가 되었을 때 시작하는 것이다. 아이들마다 개인차가 있으니 주변 아이들과 쉽게 비교하거나 조급해하지 말고 내 아이의 속도에 맞추어 시작하길 권한다.

"너 자꾸 이러면 아기들만 있는 데 보낸다. 동생도 잘하는데 너는 왜 그러니?" (다른 아이와 비교하기)

간밤에 한 실수 후에 아이를 더 어린아이 취급을 하거나, 형제와 비교하는 말들은 후에 아이의 자존심을 상하게 하고 자신감도 떨어트린다. 이러한 말들은 아이의 야뇨를 멈추게 할 수 없으며, 오히려 야뇨증상 외에 다른 행동문제나 아이의 정서적 어려움을 초래할 수 있다.

"얘 또 밤에 이불지도 그렸잖아." (아이가 듣는 곳에서 주변 사람들에게 이야기하고 소문 내기)

아이는 자신의 실수 때문에 당황스럽고 마음이 힘들다. 아이의 실수를 다른 사람들에게 알리는 것은 아이에게 수치심을 줄 수 있다. 특히, 동생과 친구들, 이웃 엄마들 앞에서 아이에게 핀잔을 주는 행동은 멈추어야 한다.

"이 정도면 이겨 내야지! 왜 스트레스를 받고 그러니!" (강압적으로 요구하기)

아이가 받는 스트레스가 야뇨증상으로 나올 정도라면 아이의 마음을 정말 무겁고 힘들게 만든 상황이다. 아이의 스트레스 상황에 대해 쉽게 여기거나 무시한다면 스트레스를 대처할 기회를 잃게 되고, 야뇨증상은 더 커질 것이다. 사례에서 본 수진이와 같이 부모와의 접촉 시간이 부족해진 후 아이의 변화가 시작됐다. 아이의 속마음을 더욱 민감하게 공감해야 한다.

아이의 단순한 투정이나 고집이 아닌, 부모만이 채워 줄 수 있는 정서적인 허기가 있는 것은 아닌지 살펴보아야 한다. 때론 과감하게 휴가를 내서라도 아이와의 특별한 시간을 만드는 것도 좋은 방법이다.

2) 효과적인 양육행동

"아직 준비가 안 돼서 그래. 엄마 아빠랑 노력하면 할 수 있어. 어떤 것을 도와줄까?" (대화와 도움주기)

아이에게 부모가 어떤 것을 도와주면 좋을지 상의해 보도록 한다. 이 대화시간에는 아이를 판단하거나 혼내는 시간이 아니라 정말 아이의 어떤 부분이 부모의 도움으로 채워질 수 있을지 나누어 보는 시간이 되어야 한다.

"쉿! 우리만의 비밀이야!" (자존감 지켜주기)

간밤의 실수로 난처해하는 아이에게 이 일을 비밀로 하고 같이 이불정리를 해 보자. 아이는 실수에 대해 어느 정도 책임감을 느끼지만 자존감에 상처받지 않을 것이다.

엄마, 아빠, 할머니 등 모든 가족이 함께 돕기 **(일관된 양육환경 만들기)**

'실수한 다음 날 아침에 혼내지 않기' '잠들기 전 음식섭취 줄이기' '잠들기 전 화장실 다녀오기' 등과 같은 미션에 가정에서 아이를 돌보는 모든 사람이 함께 참여해 주는 것이 중요하다. 부모와 조부모가 같이 아이를 돌보는 상황이라면, 아이에게 일관된 양육환경이 될 수 있도록 함께 상의하고 같은 양육법을 실천하도록 하자.

세탁기 조작법 알려 주기

활동순서

❶ 아이와 세탁기 앞으로 간다.

❷ 아이에게 세탁기 조작법을 알려 준다.

❸ 자다가 쉬를 했을 경우 세탁기에 이불이나 옷을 넣는 것을 알려 주고 연습
  해 보도록 한다.

❹ 아이의 연령이 어리거나 세탁기 위치가 아이에게 위험한 곳에 있다면 부모
  가 정해 준 곳까지 정리하도록 한다.

알아두기

위와 같은 활동은 아이가 자다가 불편감을 느꼈을 때 부모가 아이의 실수에
대한 부분을 다 처리해 주기보다는(옷 갈아입기, 빨래하기 등), 자신의 실수에 대
해 같이 처리하는 것을 배우는 시간이다. 이러한 활동은 아이가 체벌받는 기
분이 들지 않고, 자신의 실수에 대한 처리를 스스로함으로써 책임감을 가질
수 있도록 해 준다. 또한 이런 시간을 통해 야뇨로 인해 부모에 대한 미안함이
오히려 적어지고 야뇨로 인해 위축되었던 부분이 줄어들도록 해 준다.

08

발달에
어려움을 보이는 아이

22. 말이 늦은 아이 - 언어발달

올해 네 살이 되는 현우 엄마는 다가오는 3월에 원하던 어린이집에 입소할 수 있다는 연락을 받았다. 작년에 입소를 미뤄서 올해에는 꼭 보내고 싶은데 막상 보내려니 또 망설여진다. 또래에 비해 말이 느리기 때문이다. 현우는 "아빠, 엄마." 이외에 "까까, 맘마, 물, 빠방이, 싫어, 빨리." 정도의 어휘만 사용한다. 대부분 손가락으로 가리키거나 "응응~."하며 의사를 표현한다. 엄마가 현우의 뜻을 빨리 알아차리지 못하면 이내 짜증내고 칭 얼거린다. 요즘 들어 현우와 함께 놀이터에 가면 무조건 친구들을 밀고 소리 지르는 일이 많다. 자기 생각이 분명해지는데 원하는 것을 말로 표현하지 못해서 그런지 점점 심해진다. 오늘도 놀이터에서 현우가 그네를 타려는데 "나도 타도 돼?" 하고 물어보는 친구를 갑자기 밀치고 "가야!" 하며 소리를 질렀다. 당황한 엄마는 현우에게 "친구 밀면 어떡해! 소리 지르면 안된다고 했지!"라고 혼을 내고 우는 아이를 안고 집으로 돌아왔다. 놀이터에서 엄마가 보고 있을 때도 이런 일이 종종 일어나는데 어린이집을 가면 어떻게 할지 걱정이 이만저만이 아니다.

현우 아빠는 다섯 살이 되어서야 말문이 트였다고 했다. 엄마도 조잘조잘 말이 많은 편은 아니었다. 사실, 다들 겪는 산후우울증과 부부갈등으로 현우 앞에서 큰 소리로 싸운 적도 몇 번 있고 현우를 잘 돌보지 못했던 적도 있다. 그래도 말이 좀 늦는 것 같다고 느낀 후에는 현우에게 책을 많이 읽어 주고 음악도 많이 들려주었는데 현우의 말그릇은 좀처럼 채워지지 않고 있다. 오늘 같은 날에는 아이가 무엇 때문에 화가 났는지 알면서도 어떻게 반응해 줘야 할지 난감하다. 말이 느린 현우가 다른 사람들 눈에 이상하게 보일 것 같아 마음이 더 불편하다. 엄마는 퇴근한 남편에게 낮에 있었던 일을 하소연하지만, "아이는 다 그렇지~. 말 좀 느리면 어때, 나도 다섯 살 때 말했대. 신경 쓰지 마." 하며 핸드폰만 들여다 본다. 세 돌이 지난 현우를 보면서 엄마는 불안해 속이 타들어 가는데 무신경해 보이는 남편에게 화가 난다. 결국 답답한 마음에 주스를 달라고 "응응." 하는 현우에게 "주세요! 해야지 주지! 말 안 하면 안 줘!" 하며 윽박질렀다. 화내면 바로 후회되건만 이제는 엄마도 마음이 잘 추슬러지지 않는다. 어찌된 일인지 엄마와 현우는 말보다는 짜증과 화만 더 늘어 가는 것 같다.

현장 전문가에게 물어보세요

 01 | 현우처럼 말이 느리다는 건 어떤 거죠?

부모에게 매우 자연스러운 '말'이 아이에게는 처음에 낯선 '소리'로 들리게 된다. 그 '소리'에 '의미'를 부여하는 지속적인 환경을 접하며 내 말그릇 안에 '말'을 담게 되고 준비가 되면 말그릇에서 '말'을 꺼내어 사용하게 되는 것이다.

언어발달은 이렇게 언어를 말그릇에 담아 언어를 이해하는 수용언어와 말그릇에서 말을 꺼내어 사용하는 표현언어로 나뉜다. 수용언어 발달의 지연은 타인의 지시나 말을 이해하고 행동하는 데 어려움을 일으킨다. 따라서 규칙을 지키거나 문제행동을 제한하는 데 있어 어려움이 생기게 된다.

표현언어 발달의 지연은 욕구를 빈번히 좌절시키고 부정적인 감정을 언어로 표현하기 어렵게 만들어 아이는 작은 일에도 쉽게 짜증 내고 화를 낸다. 부모로서는 자주 화를 내고 짜증 내는 아이를 통제하기는 쉽지 않다. 그러다 보니 현우 엄마도 이이에게 짜증과 화가 나고 또래와의 갈등에서 아이를 혼내게 되는 상황이 반복되는 것이다. 이처럼 언어발달의 지연은 정서와 행동 문제로 이어지게 될 가능성이 있어 부모의 관심이 필요하다.

02 | 양육환경이 언어발달에 많은 영향을 미치나요?

　언어발달에 차이를 보이는 이유는 우선 유전과 환경의 영향을 생각해 볼 수 있다. 간혹, 자폐스펙트럼 장애 혹은 전반적 발달지연의 경우 언어발달에서 지연이 보이기 때문에 아이가 눈맞춤과 상호작용이 부자연스럽다고 느껴진다면 반드시 전문가와의 상담이 필요하다.

　이러한 경우가 아니라면 양육환경이 언어발달에 많은 영향을 줄 수 있다.

　아이가 먼저 해 달라고 하기도 전에 부모가 모든 것을 해 주는 경우에는 아이가 말할 기회를 잃게 된다. 반대로 계속 말을 해 보라고 하며 강요하는 경우에도 말을 해야 한다는 부담감을 갖기 쉽다. 언어발달을 느리게 하지만 우리가 사소히 놓치는 실수가 있는데, 바로 미디어 노출을 통한 언어자극이다. 상호작용이 없는 일방향 자극은 언어성장에 방해가 될 수 있다.

　또한 언어자극의 부족, 불안정한 애착, 부부 갈등, 부모의 무기력과 우울, 강제적인 언어자극 등은 언어발달을 지연시킬 가능성이 높으니 아이 환경에 대한 주의 깊은 관심이 필요하다.

03 | 말이 늦는 아이들의 마음은 어떠할까요?

　부모가 타인에게 말을 하지 않고 나의 의사를 표현해야 한다고 생각해 보자. 엄마는 드라마가 보고 싶은데, 아빠는 스포츠 채널을 보고 있다. 말로는 설명을 못하므로 몸짓으로 채널을 돌려 달라고 해야 하는데 이것이 통하지 않는다면 리모컨을 빼앗아서 채널을 돌릴 것이다. 이렇게 하지 못한다면 채널 돌리기를 포기해야 한다. 어느 쪽을 선택하든 그 사람의 마음은 답답할 것이다.

말이 늦는 아이들의 마음도 이렇게 답답하다. 원하는 것, 하고 싶은 것, 싫은 것이 있는데 이것을 전할 수가 없다. 그러니 아이들은 소리 지르기, 짜증내기, 밀기, 때리기, 뺏기, 조르기를 하는 것이다. 그래서 영유아기에는 이런 행동을 보였을 때, 혼내지 않고 아이의 뜻을 빨리 알아차리고 이해했다는 것을 부모가 표현해 주어야 한다. 아이의 마음을 알아 주라고 해서 들어줄 수 없는 요구를 받아 주라는 것은 결코 아니다.

반대로 내성적인 아이들은 소리 지르고 조르기보다 회피하거나 포기할 수 있으니, 이럴 때에는 순응적이고 착한 아이라고 생각하기보다는 아이의 마음이 어땠을지 알아 주고 보듬어 주는 것이 필요하다. 그리고 조금씩 나의 생각을 어떻게 행동으로라도 표현할 수 있을지 보여 주는 것도 좋다.

아이의행동을 확인해 보세요

1) 이 정도면 부모의 관심이 필요해요.

● 최근 한두 달 사이에 말하는 단어 수가 늘고 있다.

● 활발하고 잘 놀고 사람에게 관심이 있어 따라 하려고 한다.

● 말은 잘 못하지만 대부분의 말을 또래와 비슷하게 이해하고 있다.

● 말은 늦지만 표정과 행동으로 표현해서 상호작용이 충분히 잘 이루어진다.

2) 이 정도면 전문가와 상의가 필요해요.

● 또래보다 8개월 정도의 차이로 언어발달이 늦다.

● 말만 늦는 게 아니라 다른 신체 · 인지 · 정서 · 운동기능 발달도 느린 편
이다.

● 부모의 여러 노력에도 말이 늘지 않는다.

● 눈맞춤이 잘 안 되고 사람 말소리에 관심이 부족하다.

● 말을 못하니 짜증 내고 화를 내는데 도통 어떻게 해야 할지 모르겠다.

부모님의 행동을 확인해 보세요

1) 멈추어야 할 양육행동

"아~ 무슨 말을 할지는 다 알아. 엄마가 알아서 해 줄게." (언어로 표현하기 전에 의도를 알아채고 먼저 해 주기)

아이가 어떤 표현을 하기 전에 부모가 먼저 필요한 것을 척척 해 주고 있다면 멈추자. 밥을 먹고 있을 때, 물이 필요하겠지 싶어 물을 먼저 가져다 놔 주고 심심할까 봐 미리 아이가 좋아하는 장난감을 쥐어 준다면 아이는 굳이 말할 필요가 없는 세상을 살고 있는 것이다. '나는 아니야.'라고 생각하지만 좋은 부모, 민감한 부모가 되겠다는 의지로 아이가 말할 기회를 빼앗고 있는지 되돌아보자.

"말해 봐! 해 보라고! 이럴 땐 이렇게 말해야지!" (아이의 감정과 상관없이 무조건 말하도록 지시하기)

아이에게 "주스 해 봐, 주! 스!" 식으로 짜증을 내거나, "말로 해야지, 말로! 내가 할게요, 말해야지!" 라고 재촉하고 있다면 바로 멈춰야 한다. 누군가가 억지로 시키고 채근하는 것은 말을 뱉어 내게 하는 데 가장 큰 방해가 되기 때문이다. 부모의 답답함으로 아이의 자신감마저 잃게 하지 말자!

"나도 말이 느렸어. 애들이 좀 느릴 수도 있지." (언어 발달을 돕기

위해 노력하지 않기)

맞다. 원래 말이 좀 늦는 아이일 수도 있다. 그러나 말이 늦다
고 해서 가만히 두면 저절로 말이 늘지 않는다. 언어발달이란 언
어자극을 충분히 받고 아이의 말그릇 안에 담아 놓고 준비하다
가 어느 순간 폭발시키는 것이다. 부모가 말이 늦었더라도 아동
이 충분한 언어자극을 받고 있는지, 상호작용의 질이 좋은지를
점검해야 한다. 특히, 모방이 부족하고 부모와 상호작용이 잘 이
루어지지 않는다면 다른 발달의 지연은 없는지 전문가와의 상
담이 필요하다. 아무것도 하지 않는 부모라면 지금 하는 일을 멈
추고 아이에게 달려가라.

2) 효과적인 양육행동

"너는 지금 '주스 주세요.' 라고 말하고 싶은 거구나." (아이의

원하는 바를 언어로 표현하여 돌려 주기)

아무리 말을 잘하는 아이라도 모든 것을 언어로 표현하지는
못한다. 표현하지 못하는 언어는 결국 비언어적 행동, 표정으로
드러나게 된다. 아이의 이러한 비언어적 신호를 말로 바꿔 보자.
예를 들면, 아이가 주스를 손가락으로 가리킨다면 "주스 줘~ ."

"주스 주세요."라고 말해 주는 것이다. 어린아이들은 긴 문장보다 두 문장, 세 문장에 운율을 넣어 말해 주면 쉽게 이해할 수 있다.

"깔깔깔~ 콩콩콩~ 즐거운 소리 놀이~" (소리 내기 발성은 즐겁다는 인식을 위한 놀이하기)

즐거운 환경은 마음과 뇌를 활짝 열리게 한다. 즐거운 경험 속에서의 언어행동 자극은 보다 빠르게 학습될 수 있다. 아이가 웃을 때 "깔깔깔" 웃음소리를 말로 들려주고 방귀놀이를 하며 "뿡뿡 뺑" 소리를 내어 보자. 아이가 말로 내뱉던 그렇지 않던 아이는 어떤 방식으로든 반응을 보인다. 그리고 이런 즐거운 경험의 반복으로 아이의 귀와 입을 열 수 있다.

"있는 그대로 너와 함께할게." (비언어적으로 충분히 상호작용하기)

아이의 말이 느리면 대부분의 부모님들은 "내가 말이 없어서?" "책을 너무 안 읽어 줘서?"라는 고민을 하게 된다. 물론 너무 조용한 환경이나 자극 없는 환경 속에서 말을 배우기란 어렵다. 하지만 엄청나게 많은 말을 듣고 자란다고 해서 말이 빠른 건 아니다. 중요한 것은 깊은 상호작용을 통해 아이의 말그릇을 채워 나가는 것이다. 아이와 눈을 보고 웃고 즐기며 나오는 말들이 결국 아이의 귓속에 쏙쏙 들어가고 입으로 훅훅 뱉어지게 한다. 우선은 아이와 신나게 놀자!

5분 양육
tip

말놀이

활동순서

❶ 다음 장에 있는 동요카드를 활용하여 아이에게 노래를 불러 준다.

❷ 부모님은 최대한 생동감 있게 소리를 표현한다.

❸ 우스꽝스러운 표정이나 춤을 춘다면 재미가 더해진다.

❹ 평소 생활에서도 부모님은 말놀이를 활용할 수 있다.

알아두기

자발적으로 말을 하지 않는 아이들에게 언어적 발화의 기회를 제공한다. 내 입에서 나는 소리를 즐겁게 느낌으로써 자발화를 촉진한다.

LV1 산토끼

"산토끼, 토끼야~
통통통 퉁탕탕,
깡충깡충 팅빵빵,
통통통 퉁탕탕"

LV2 자전거

"따르릉~ 따르릉~
빵빵빵빵빵~
자전거가 나갑니다~
슝슝슝 칭칭~"

LV3 나비야

"나비야 나비야
능낭능낭 뿅뿅뿅!
꾸꾸꾸구 노노노
다다당당 방궁궁!"

LV4 머리어깨무릎발

"뿅뿅 칭탕칭탕 팡풍팡팡! 뿅뿅
칭탕칭탕 팡풍팡팡~~~
칭탕칭탕 팡풍팡팡!
뿅뿅 칭탕칭탕 팡풍팡팡!"

LV5 울면안돼!

"울면 흑흑! 울면 킁킁~ 싼타
빠빠톗톗 칼꿍싸바
뻔떼뻔떼 얍얍고고!"

LV6 산중호걸

"산중 허허텃텃톳톳
호호랑랑 쌩뚱
쌩뚱 캉캉 핏핏차차
라파라파 콩탁
투탕카타 라파치"

23. 운동발달이 느린 아이 — 대근육 · 소근육 발달

"가영이가 오늘 만들기 시간에 가위질하기 싫다고 해서 혼자서
만 못 만들어 갔어요."

유치원 선생님의 말을 듣고 엄마는 한숨을 쉬었다. 가위질이 세
상에서 제일 어려운 여섯 살 가영이, 이제는 창피하다고 아예 가위를 잡으려

고 하지 않는다. 억지로 집에서 시키면 뚱한 표정으로 가위질을 하는데 그것도 잠깐, 금세 도망간다. 가영이 엄마는 가영이의 서툰 가위질이 염려스럽다. 가위질뿐만 아니라 연필 잡는 것도 서툴러서 몇 달째 써 본 글씨도 삐뚤삐뚤이다. 식사시간에는 동생도 혼자서 할 수 있는 젓가락질을 가영이는 못하고 계속 흘려서 포크를 쥐어 준다.

　가영이 엄마는 두 딸을 둔 전업맘이다. 둘째를 낳기 전까지 나름 금융권에서 인정받는 직장인이었다. 늘 있는 야근과 회식으로 가영이가 두 돌이 될 때까지 거의 함께하지 못했다. 회사를 그만둔 후 둘째를 키우면서 가영이가 둔하고 느리다고 느껴졌다. 둘째에 비해 가영이는 걷는 것, 뛰는 것이 느렸고 네 살이 되어서도 혼자 옷 벗기를 못했다. 결국 유치원을 가야 하는 바쁜 아침 시간에는 하나부터 열까지 모두 엄마가 해 주어야만 제 시간에 나갈 수 있었다. 이러다가 학교라도 들어가면 글씨쓰기 숙제까지 엄마가 해 줘야 하는 건 아닌가 걱정이 되어서 끊임없이 잔소리를 늘어놓게 된다.

현장 전문가에게 물어보세요

 01 | 가영이는 왜 이렇게 가위질이 어설플까요?

가영이가 보여 주는 생활상의 어려움은 '운동발달의 지연' 때문이다. 운동발달이란 우리가 태어나면서부터 얻는 생존을 위한 반사기능, 걷고 뛰는 이행운동, 흔히 자조기술이라 말하는 협응기능의 발달을 통틀어 말한다. 가영이는 어릴 때부터 걷고 뛰는 것이 느렸고 자주 다치는 등 이동운동능력 발달에서 안정적이지 못했다. 여섯 살이 되어서도 미세한 손동작을 요하는 단추 있는 옷을 입거나 연필 잡기가 엉성하고 반복적인 한글 쓰기에서도 어려워하며 협응기능의 발달에서 지연되었다. 그러므로 가위질이 어려울 수밖에 없었을 것이다.

 02 | 운동발달 지연은 선천적인가요? 후천적인가요?

이에 대한 답을 찾기 위해서는 갓 태어난 아기들을 살펴 보아야 한다. 아기들은 태어나서 생존을 위한 반사기능을 가진다. 숨을 쉬기 위한 호흡반사나 젖을 빨기 위한 빨기 반사, 큰 소리가 나면 손발을 쫙 뻗는 모로반사 같은 것들로 선천적 획득된다. 이것이 없으면 생존하기 어렵다. 그리고 커 가면서 목을 가누고 뒤집고 기고 걷고 뛴다. 이것 역시 다소간의 차이는 있겠지만 대부분 거치는 발달 과정이다. 이후에는 옷을 벗고 입고 양치질, 세수를 하고 뚜껑 따기, 가위질하기 등 미세한 운동기능을 사용하는 협응능력이 발달된다. 여기서 선천적인가 후천적인가는 부모의 양육방식에 영향을 받는다. 초기 경험이 부족해서 걷거나 뛸 기회, 혼자 컵을 쌓아 보고 옷을 입어 보고 젓가락질을 해 볼 기회를 많이 가지지 못했다면 당연히 후천적으로도 운동발달의 지연을 보인다. 만약 부모의 적절한 양육에도 이러한 과정에서 문제가 생겨 적응의 어려움을 보인다면 발달지연 및 발달장애를 의심해 볼 수 있다.

 03 ㅣ 운동발달이 다른 발달에도 영향을 미치나요?

운동발달은 인지발달, 정서발달과 관계가 깊다. 서로 유기적으로 연결되어 있어서 한 영역에서 문제가 생기면 나머지 발달 영역에서도 어려움을 겪게 된다. 운동발달은 스스로 무언가를 경험하게 한다. 이 '경험'은 뇌를 자극하여 인지적으로 발달을 촉진한다. 또 '경험'은 무엇인가를 실패하게 하고 다시 성공하게 하면서 성취감과 만족감을 준다. 그래서 운동발달이 지연되면 자연스레 다른 발달에도 영향을 주는 것이다. 운동발달이 느리다면 아이의 전체적인 발달을 모두 살펴보아야 한다. 반대로 정서발달이 운동발달을 느리게

하기도 한다. '불안한 아이는 늦게 걷는다.'는 말처럼 두려운 감정
이 내 몸을 움직이는 데에 영향을 주기 때문이다. 따라서 우리는 운
동발달이 현저히 느릴 때 무엇 때문인지를 잘 관찰해 보아야 한다.

아이의 행동을 확인해 보세요

1) 이 정도면 부모의 관심이 필요해요.

- 아주 차이 나지는 않지만, 어릴 때부터 운동발달이 조금씩 느렸다.
- 몸을 움직이는 놀이를 좋아하지 않는다.
- 성격이 급해서 실수가 많다.
- 성격이 느려서 행동이 굼뜨다.
- 행동은 느리지만 아이 스스로 연령에 맞는 자조기술(먹기, 옷입기, 신발신
  기 등)을 서툴지만 시도하려고 한다.

2) 이 정도면 전문가와 상의가 필요해요.

- 어릴 때부터 반응이 적고 걷거나 뛰려고 하지 않는다.

- 연령에 맞는 자조기술을 스스로 시도하지 않는다.

- 성격이 급한 건 아닌데 걷고 뛰는 것이 많이 엉성해서 잘 다친다.

- 글씨 쓰기, 가위질, 그림 그리기 등 활동이 어려워 학습에 문제가 생긴다.

- 대근육·소근육 활동이 잘 안 되어 지나치게 짜증 내거나 소심해진다.

부모님의 행동을 확인해 보세요

1) 멈추어야 할 양육행동

"또또또……. 가위로 손가락 자르겠다! 다시 다시! 제대로 이렇게 좀 잘해 봐!"(서투른 행동에 계속 지적하며 연습 시키기)

운동발달이 지연되어 손동작과 행동이 서투른 아이는 무언가를 잘 완성해 내거나 실수 없이 해내는 것이 어렵다. 가위질이 서투르니 정교하기 어렵고 손가락을 베일 가능성이 높은 것이다. 부모가 이런 모습을 자주 보게 되면 속도 상하고 짜증도 난다. 이러지 말아야지 하면서도 또다시 아이를 지적하게 된다. 부모도 사람인지라 어쩔 수 없을 때도 있을 것이다. 하지만 몸 구석구석이 어우러져 움직이기 어려운 아이에게 갑작스러운 화, 짜증, 지적은 결국 아이를 불안하게 만든다. 불안하고 위축된 아이는 몸에 힘을 빼지 못하기 때문에 미세한 운동 동작에 더 큰 어려움을 보인다.

"이리 와 봐. 그냥 엄마가 단추 채워 줄게." (서툶을 기다리지 못하고 부모가 모두 해 주기)

부모의 출근, 아이의 등교로 바쁜 아침시간, 단추 채우고 신을 신는 문제로 아이와 실랑이를 해 보면 부모의 마음은 답답하기 마련이다. 게다가 운동발달이 느린 아이는 혼자 해내는 데 오랜 시간이 걸린다. 오래 걸려서라도 잘하면 다행인데 또 그렇지가 않다. 그래서 부모는 어쩔 수 없기 때문에 일단은 단추도 채워 주고, 밥도 먹여 주며 모든 것을 해결해 준다. 물론, 바쁜 시간 모든 것을 혼자하게 두는 것도 그다지 효율적이지 못하다. 그러나 아이가 잘 못하기 때문에 일일이 다 해 주는 부모는 아이가 운동기능을 발달시킬 경험의 기회를 잃게 한다.

"친구들은 벌써 이렇게 하는데……. 너는 잘 못하니까 열심히 해야지!" (비교를 통해 아이를 자극하려 하기)

아이가 엄마에게 이렇게 말한다고 생각해 보자. "내 친구 세윤이네 엄마는 요리 엄청 잘하는데 엄마 밥은 맛없어. 좀 더 열심히 좀 만들어 봐. 연습 좀 해." 이것이 아이가 비교당할 때 느끼는 기분이다. 운동발달이 느리다고 해서 아이의 행동을 비교하고 상처를 주어서는 안된다.

밖에서도 느리다고 비교당하는 일이 있기 때문에 집에서만큼은 아이에게 넉넉한 지지자가 되어 주자.

2) 효과적인 양육행동

"괜찮아. 다시 자르면 되지. 엄마가 몇 장 더 준비해 놨어. 정 안 되면 삐뚤빼뚤 잘라도 되는 거야." (운동발달이 서툴러 잘 못하거나 실수가 잦은 일에 안정감 주기)

가위질 혹은 젓가락질을 잘 못해서 일어나는 실패와 실수에 안정감을 제공할 수 있어야 한다. 정서적 안정감은 아동이 적극적으로 운동기능을 발달시키는 에너지원이다. 자주 흘리고 어지럽힌다면 보다 덜 흘릴 수 있거나 덜 실수할 수 있는 보조수단을 적극 활용해야 한다. 예를 들면, 젓가락질이 어렵다면 손가락 걸이가 달린 보조젓가락을, 연필 잡기가 서투르다면 얇은 연필보다 두꺼운 연필을 쥐어 주는 것이 효과가 있다. 단, 아이에게 노력하지 않아도 된다는 메시지는 금물이다!

"가위질을 천천히 해 보자. 기다려 줄게." (자신의 맞는 운동발달 속도를 기다려 주기)

운동발달의 지연으로 실패를 많이 경험했기 때문에 무언가 새로운 것을 시도하는 것이 쉽지 않을 것이다. 소극적이거나 오히려 반대로 지나치게 과장된 행동을 한다. 두 행동 모두 천천히 해 보도록 기다려 주면 아이들은 자신의 행동을 조절하며 노력하려고 애쓴다. 당장 지금은 기다리기 힘들지만 기다려 준 후의 성공은 아이 못지않게 부모에게도 성취감을 제공한다.

"네모 그림을 끝까지 잘라 냈어! 바로 그거야! 해낼 줄 알았어!" (작은 성공에도 함께 기뻐하고 인정해 주기)

무언가 작은 일이라도 성공했을 때, 노력을 인정해 주고 믿음을 주는 것이 중요하다. 못했던 첫 단추를 한 번이라도 꿰면 두 번째 단추도 꿸 수 있는 실마리가 되기 마련이다. 첫 단추를 꿰었을 때, 많이 격려해 주면 실패하더라도 할 수 있다는 자신감이 생기기 때문이다. 그리고 이렇게 할 수 있도록 기다려 주고 지지해 주고 화내지 않은 부모 역시 성취감을 맛볼 수 있다.

찢기놀이

활동순서

❶ 다음 장의 활동지의 그림 중 원하는 것을 아이가 선택한다.

　(너무 어려운 것을 고르는 아이에게는 쉬운 단계를 제안한다.)

❷ 손가락으로 그림의 테두리를 찢어 나간다.

❸ 점점 더 어려운 단계를 시도하며 부모는 자신감을 불어넣어 준다.

❹ 가위질이나 색연필 등으로 색 채우기 활동을 함께할 수 있다.

알아두기

　쉬운 난이도부터 찢기를 해 보면서 운동능력을 기른다. 연령 혹은 발달수준에 따라 가위질을 하는 것이 좋다. 두꺼운 선을 찢거나 자르면 못할 것 같은 두려움에서 벗어나는 데 도움이 된다.

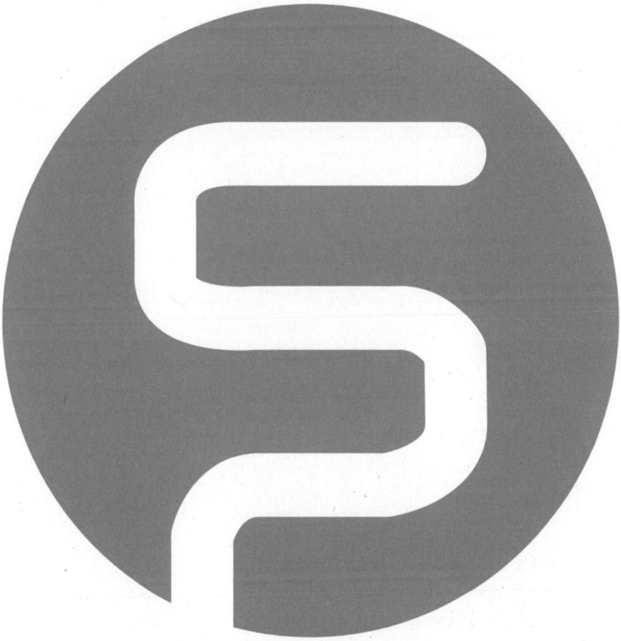

24. 혼자 노는 외톨이 - 사회성 발달

사례
다섯 살 도일이는 오늘도 혼자 기차를 연결한다. 친구가 같이 놀고 싶어서 "이 기차 너가 만든 거야? 나도 같이 해~." 라고 말을 걸지만 도일이는 관심 없는 듯 쳐다보지 않는다. 친구는 대답 없는 도일이의 기차를 만지며 "나도 같이 하자고~"라고 말한다. 도일이는 친구가 기차를 만지자 갑자기 울상이 되어 친구를 쳐다 본다. 친구에게 기차를 만지지 못하게 하고 다시 기차에만 집중한다. 이번에는 같이 놀지 못한 친구가 울상이 되었다.

도일이 부모는 IT계열 회사에서 함께 근무한다. 마침 직장에 어린이집이 있어 엄마는 도일이를 돌이 될 즈음부터 맡기게 되었다. 엄마는 야근이 많은 부서라서 아빠가 혼자 저녁시간에 도일이를 돌봐야 할 때가 많았다. 다행이 도일이는 혼자 잘 놀아서 아빠는 종종 TV나 핸드폰을 하며 쉴 수 있었다. 주말에는 다 함께 놀이공원이나 수족관에 다니곤 했기 때문에 도일이가 잘 자라고 있다고 생각했다.

그러나 도일이 아빠는 최근 육아휴직을 고민 중이다. 도일이가 조금 다르게 느껴지기 때문이다. 얼마 전, 어린이집 담당선생님이 도일이가 친구들에게 관심이 적고 특별활동 시간에 잘 참여하지 못한다며 조심스럽게 상담센터를 권유했기 때문이다.

아빠 엄마도 잘 보고 웃고 했는데 요즘은 이름을 불러도 대답하지 않고 늘 같은 기차놀이만 한다. 도일이에게 무슨 문제가 있는 건 아닌지 정말 상담센터라도 가 봐야 하나 걱정이 된다.

현장 전문가에게 물어보세요

01 | 도일이처럼 눈맞춤이 잘 되던 아이, 갑자기 발달이 멈춘 건 가요?

사회성 발달을 가늠할 수 있는 중요한 반응은 눈맞춤이나 이름을 불렀을 때 대답하는 호명반응이다. 이를 통해 타인을 모방하고 감정을 공감하며 사회성을 발달시켜 나간다.

어릴 때 상호작용에 문제가 없던 아이라면 반응이 어느 순간 갑자기 사라진 경우보다 서서히 줄어들었을 가능성이 높다.

영유아기 부모에게 충분한 사랑과 양육을 제공받지 못한 경우, 부모가 강압적이거나 지나치게 학습만을 강조하는 경우, 부부갈등이나 주양육자가 여러 차례 바뀌는 등 불안정한 환경에 지속적으로 노출된 경우 점차 상호적 사회반응이 사라질 수 있다. 따라서 부모와 상호 작용이 잘 되었던 아이라면 언제부터 아이의 눈맞춤이나 사회적 반응이 사라져 갔는지 살펴보아야 한다. 그리고 부모가 적극적으로 아이와 함께 시간을 보내고 즐거운 활동을 하면서 상호작용을 하는 것이 필요하다. 대부분 발달의 어려움이 없는 아이라면 부모의 관심과 함께 놀이하는 시간을 통해 사회 행동이 증가할 수 있다. 부모의 노력에도 불구하고 아이의 변화가 미미하다면 전문기관에서 발달검사를 체크해 보는 것이 필요하다.

 02 | 혼자서만 노는 아이, 문제 있는 건가요?

혼자 노는 모든 아이가 사회성 발달의 어려움이 있다고 볼 수는 없다. 단, 눈맞춤과 상호작용이 잘 이루어지지 않으면서 혼자 놀이에 몰두하는 경우에는 관심 있게 지켜 보아야 한다. 이 아이들은 대체로 주변 사람에게 무관심하고 몇몇 사물에 관심을 쏟는데, 그 사물이 사라지거나 모습이 변형되는 일 등의 변화에 유연하게 대처하지 못한다. 예를 들면, 두려움이 크고 예상치 못한 돌출행동(소리 지르기, 뱅뱅 한자리 돌기 등)을 하기도 한다.

도일이와는 다르게 생애 초기부터 눈맞춤과 같은 사회적 행동에서의 발달의 어려움을 가지는 경우를 '자폐스펙트럼 장애'라고 말한다. 대체로 부모는 돌 전까지 차이를 느끼지 못하다가 12~18개월경 확연한 차이가 보인다고 말하는 경우가 많다. 때로는 영유아기까지 진단하기 어려운 경우도 있다. 자폐스펙트럼 장애 아동에게 반드시 나타나는 행동양상이 있는데, 상호작용을 위한 말과 행동이 적고 같은 말과 행동을 되풀이하는 것이다. 또한 비효율적인 일에 지나치게 매달리기도 하는데, 가령 장난감 일렬로 세우기, 숫자 세기, 신발 끈 수 세기 등을 강박적으로 하는 것이다. 그래서 또래와 관계를 맺는 사회성에서 어려움을 보인다.

미취학 연령인 만 5세까지 기관입소는 선택이다. 그러나 사회성 발달을 위해서 만 3세 이후에는 충분히 또래관계를 경험해보는 것이 필요하다. 그렇다고 해서 상호작용의 어려움이 있는 아이를 무턱대고 기관에 보내기도 어려운 노릇이다. 기관에서도 혼자서만 놀다가 돌아오지는 않을까 걱정되기 때문이다. 그래서 부모는 기관에 보내기 전 충분한 준비를 해야 한다. 먼저, 부모와의 놀이시간을 통해 아이의 사회적 반응이 많아질 수 있도록 해 주어야 한다. 상호작용을 해야 아이가 부모를 보고 말과 행동을 따라하며 사회적 상황에서 필요한 사회적 반응이 늘어나기 때문이다. 또한 또래와 만나 놀이시간을 갖는 것도 필요하다. 문화센터나 모임 등을 통해 이런 기회를 가질 수 있다. 만약, 기관에서 조금이라도 또래를 경험하는 게 필요하다고 느낀다면 어린이집, 유치원, 놀이학교 등 각 기관의 특성을 이해하고 아동의 성향에 맞추어 선택하는 것이 필요하다. 또한 아이에게 의도적으로 관심을 가지도록 개입해 줄 수 있는 교사가 있는지도 상담을 통해 확인하면 좋다.

아이의 행동을 확인해 보세요

1) 이 정도면 부모의 관심이 필요해요.

● 부모나 가까운 지인, 자주 만나는 사람들하고의 상호작용은 잘 이루어진다.

● 다양한 표현을 하지만 필요하거나 관심 있는 것만 요구한다.

● 기쁘거나 슬플 때 이를 설명하려 하고 공감받으려고 타인을 찾는다.

● 가상놀이나 역할놀이를 하는데, 같이 하는 건 싫어한다.

● 다른 발달에는 문제가 없어 보이는데 단지 사람하고의 관계만 힘들어한다.

2) 이 정도면 전문가와 상의가 필요해요.

● 대부분의 모든 사람에 대해 관심이 없다.

● 다양한 비언어적 행동이 적다. (눈맞춤, 얼굴표정, 몸자세, 사회적 관계를 조절하는 행동)

● 또래친구들에 비해 현저히 함께하는 즐거움이나 성공의 기쁨을 나누는 행동이 부족하다. (예: 관심 있는 물건 보여 주기, 가지고 오거나 지적하는 행동 등)

● 언어나 행동을 사용해서 자신의 의도나 생각을 전달하려는 욕구가 현저히 부족하다.

● 한 가지 행동 혹은 놀이에 집착하고 과도하게 몰두한다.

부모님의 행동을 확인해 보세요

1) 멈추어야 할 양육행동

"엄마 눈을 보고 말해야지~. 엄마 눈 보세요~!" (학습하듯 눈맞춤을 요구하기)

　눈맞춤은 사회성발달에 매우 중요하다. 그래서 눈맞춤을 연습하는 것이 필요할 때도 있다. 그러나 지나치게 눈맞춤에 연연하다 보면 사회성에서 중요한 즐거움과 다양한 감정을 공유할 순간을 놓칠 수 있다. 아이가 공을 보며 엄마에게 달라는 표현을 할 때, 눈맞춤을 하려다가 눈맞춤도 공놀이도 하지 못한다면 눈맞춤보다 함께 놀이하는 데 더 집중해야 한다. 오히려 엄마가 허리를 낮추고 바닥에 누워 아이의 눈을 응시할 때 아이는 자기도 모르게 엄마와 눈을 맞추게 될 것이다. 그때 엄마의 미소는 아이로 하여금 눈맞추는 즐거움을 알게 해 준다.

"엄마랑만 있으니까 사람한테 관심이 없나 봐~. 자꾸 친구를 만나야 관심이 생길 거야. 내일도 친구네 놀러 가자~." (엄마와의 관계보다 다른 사람과의 관계에서 문제 해결하기)

　다른 사람에게 관심이 없다는 것을 이유로 또래를 만나게 해주려 매우 애쓰고 있는지 한 번 살펴보자. 만 3세까지 아이들에게는 부모와의 관계가 가장 중요하다. 부모와 상호작용이 잘 이루어진 아이들은 준비가 되면 또래에게 관심을 보이며 관계를 맺는다. 그러나 너무 성급하게 사회성이 부족하다고 판단해서 부모보다 또래와의 관계에 집중하는 것은 음식재료만 식탁 위에 올려놓고 아이에게 먹으라고 하는 것과 같다. 선부모 후친구를 명심하자.

"혼자 잘 놀잖아! 그냥 둬. 독립심을 키워야 해~." (아이를 방치하는 경우)

　부모에게 놀아 달라 조르는 아이에 비해 혼자 잘 노는 아이들은 키우기 수월하다고 느낄 수 있다. 그러나 요구와 표현이 적다고 해서 욕구가 없거나 애정과 관심이 덜 필요하다는 의미는 아니다. 그렇기 때문에 오히려 아이를 세심하게 살피고 민감하게 반응해 주어야 할 필요가 있다. 돌 이전에 가만히 있는 아기들에게 엄마가 군이 다가가 한 번 웃겨 보겠다고 우스꽝스러운 표정을 짓는 것도 사회성 발달의 밑거름이다. 함께 놀이를 해야 할 두 돌 이후의 시기에 너무 많은 시간을 혼자 놀게 하는 것은 점점 더 아이를 외롭게 만들 수 있다.

2) 효과적인 양육행동

"지금은 따로 또 같이 노는구나~." (또래관계 발달과정과 연령에 맞는 놀이 발달수준을 이해하기)

아이의 사회적 욕구와 발달을 이해하기 위해서는 또래 연령이 어떠한 발달을 보이는지 객관적인 정보가 필요하다. 보통 돌 이전 영아들은 사람의 목소리에 반응하고 안아 주기, 보살핌을 바란다. 점점 표정을 이해하고 화를 내거나 큰 소리가 나면 두려워하는 반응을 보이며 낯선 사람을 무서워한다. 모방이 증가하여 부모의 표정이나 간단한 행동을 따라 한다. 또래와 함께 놀고자 하는 욕구는 적으나 관심을 가진다. 두 돌 정도가 되면 더 많은 것을 모방하고 옷 입기, 목욕하기 등 부모의 지시수행에 따르며 함께할 수 있다. 이 시기 더 많은 것을 요구하고 인정받으려 무언가를 보여 준다. 이때 아이들은 다른 아이와 함께 공놀이를 몇 분 정도 지속하거나 또래친구에게 인사를 건네지만 같은 장난감을 가지고 따로 노는 병행놀이를 한다. 세 돌이 가까워질수록 함께 놀이하는 연합놀이가 가능하지만 협동적이지는 않다. 대체로 세 돌이 지나서야 자발적으로 친구들과 놀이하며 협동놀이가 증가한다. 규칙을 이해하며 공감하고 놀이하는 것은 네 돌이 지나서야 가능해진다. 내 아이기 사회성 발달이 느리다면 적극적으로 발달과 관련된 정보를 알고 그에 맞게 양육해 주어야 한다.

"우리 도일이가 좋아하는 놀이 아빠도 같이 하고 싶어~. 함께 놀자" (아이의 관심 활동으로부터 상호관계 시작하기)

사회성 발달은 아이가 좋아하는 관심사로부터 시작한다. 내가 좋아하는 취미생활을 누군가 같이 하면 흥이 나고 신나듯이 좋아하는 장난감이나 활동으로 다가가는 것이 효과적이다. 상호 반응이 적은 아이와 활동하며 조금씩 또 매일 다르게 반응하는 아이를 만나게 될 것이다. 아이의 즐거운 반응은 부모에게 다시 또 놀이할 힘을 준다.

"누나야~ 동생아~ 우리는 한 배 속에서 나온 형제! 노는 건 즐거워!" (형제관계를 적극 활용하기)

흔히 상호작용이 잘 안 되는 아이의 부모는 "아이 하나면 좀 더 놀아 주고 신경 써 줄 수 있는데 그게 안 돼서 더 속상해요." 라고 말한다. 그러나 오히려 늘 함께할 수밖에 없는 형제와의 놀이를 권장한다. 형제는 부모가 해 줄 수 없는 빈자리를 메꿔 준다. 다른 한쪽 형제가 감정을 드러내고 표현하고 문제를 해결하고 함께 놀기 위해 다가가고 헤어지는 모습을 생생하게 보여 줄 것이다. 형제는 또래와의 문제상황을 있는 그대로 보여 줄 것이다. 모방할 또래 대상, 어렵지만 헤쳐 나아가야 할 상황을 연습할 수 있는 것 아닌가. 함께해서 즐거운 놀이를 찾아 상호작용의 즐거움을 알려 주고 사회성을 증진시키자.

동물 숨바꼭질 놀이

활동순서

❶ 다음 장의 동물 그림을 가지고 아이의 주의를 끌며 몸속에 숨긴다.
  (동물에 관심이 없다면 평소 아이가 좋아하는 장난감을 활용한다.)

❷ 부모님이 숨기고 아이가 찾으며 놀이한다. 가능한 생동감 있고 즐겁게
  활동할 수 있도록 한다.

❸ 아이가 숨기고 부모님이 찾으며 신체접촉하며 놀이할 수 있다.

❹ 연령과 흥미 수준에 따라 놀이의 난이도를 조절할 수 있다.

  LV1. 머리 위, 콧등, 어깨, 발 위 등의 보이는 곳에 놓고 찾기놀이
  LV2. 팔, 다리 안쪽 등 찾기 쉬운 곳에 숨기고 찾기놀이
  LV3. 온몸 곳곳을 사용하여 숨기고 찾기놀이

알아두기

다른 사람과 상호작용을 하며 놀이하는 것이 혼자 놀이보다 즐겁다고 인식
하도록 도울 수 있다. 몸을 활용하여 서로 마주 보며 눈 맞춤과 신체접촉하며
상호작용을 효과적으로 증진할 수 있다.

박동혁(Park Dong Hyuck)

　아주대학교 심리학과에서 학습과 정신건강에 대한 주제로 임상심리학 석사와 박사 학위를 취득했고, 아주학습능력개발연구실(ALADIN)을 운영하였다. 이후 심리학습센터 '마음과 배움' 원장, 심리상담센터 '허그맘' 대표원장을 역임하며 아동·청소년 문제를 다루는 현장 심리학자로 활동하였다. 현재는 아주대학교 교육대학원 겸임교수, 원광디지털대학 심리학과 초빙교수로 재직 중이며, '학습심리' '진로상담' '행동수정' '이상심리' '심리치료' 등의 과목을 강의하고 있다. 이 외에 각급 교육청 및 상담 기관을 대상으로 학습, 인성, 진로에 대한 강연을 진행하고 있다. 대표 저서로는 『MLST 학습전략검사』(인싸이트, 2014), 『MindFit 인성건강검사』(인싸이트, 2014), 『LAMP 워크북 시리즈』(인싸이트, 2014), 『KMDT 진학진단검사』(인싸이트, 2012) 등이 있다.

김영은(Kim, Young Eun)

서울여자대학교 일반대학원 교육심리학과에서 상담 및 임상심리전공으로 석사 학위를 취득하였다. 서울여자대학교 부설상담기관인 엘림상담센터에서 인턴기간을 보낸 후 상담센터 및 복지관에서 놀이치료와 부모상담으로 아이들과 부모의 변화를 적극 지지하고 응원해 왔다. 또한 유치원 및 보육원 교사 대상으로 아동 심리 교육, 교회 안에서의 부모교육 및 집단 상담을 진행하고 있다. 현재는 허그맘 아동청소년 상담센터와 한숲아동청소년 상담센터에서 놀이치료와 부모 상담을 담당하고 있으며, 학교 안팎에서 청소년 대상 집단 상담을 진행하고 있다.

박현정(Park, Hyun Jung)

서울대학교에서 동양화와 심리학 학사 학위를 받았다. 이후 미국 뉴욕 Long Island University에서 임상미술치료로 석사 학위를 취득하였다. 뉴욕주의 Rebecca School for Autistic Children과 Long Island College Hospital의 성인정신병동에서 인턴수련을 거쳤다. 이후 미국 공인미술치료사(ATR) 자격을 취득하며 다수의 학교와 (주)한신플러스케어 등 여러 현장에서 아동ㆍ청소년 미술치료전문가로 활동하였다. 현재 허그맘 아동청소년 상담센터에서 미술치료사와 청소년상담사로 활동 중이다.

송목련(Magnolia Song)

  홍익대학교 미술대학에서 학사 학위 취득 후 미국 뉴욕 Long Island University에서 임상미술치료 석사 학위를 받았다. 뉴욕 주의 Creative Arts Studio와 뉴욕 주립정신병원에서 인턴수련기간을 거치고, 이후에 현장 미술치료사로 일하며 미국 공인미술치료사(ATR)로 인정받았다. 아동 · 청소년 전문 미술치료사로서, 서울시아동보호전문기관, 서울시온드림다문화가족교육센터, 허그맘 아동청소년 상담센터 등 다수의 상담소와 교육현장에서 활동하였다. 현재는 마음드림심리상담센터의 미술치료사로 활동 중이다.

최혜진(Choi, Hye Jin)

  명지대학교 사회교육대학원 아동심리치료학과(놀이치료전공) 석사 학위를 취득하였고 명지대학교통합치료연구센터와 한울아동가족상담센터에서 혹독한 인턴과 레지던트 과정을 마쳤다. 이후 상담센터, 복지관, 정신과, 학교 등 아이들을 만날 수 있는 곳이면 어디서든지 놀이치료사를 천직이라 여기며 근무하였다. 현재는 명지대학교 심리재활학과(놀이치료전공) 박사과정 중으로 공부에 매진하며 허그맘 아동청소년 상담센터와 성남아동보호전문기관에서 놀이치료사로 활동 중이다.

심리치료 전문가와 함께하는

하루 5분 양육기술

Effective Parenting Skills for Daily Application
-Professional Guide-

2017년 6월 15일 1판 1쇄 인쇄
2017년 6월 20일 1판 1쇄 발행

지은이 • 박동혁 · 김영은 · 박현정 · 송목련 · 최혜진
펴낸이 • 김진환
펴낸곳 • ㈜ 학지사
      04031 서울특별시 마포구 양화로 15길 20 마인드월드빌딩
대표전화 • 02)330-5114   팩스 • 02)324-2345
등록번호 • 제313-2006-000265호

홈페이지 • http://www.hakjisa.co.kr
페이스북 • https://www.facebook.com/hakjisa

ISBN 978-89-997-1256-2 03370

정가 15,000원

이 도서의 국립중앙도서관 출판시도서목록(CIP)은 서지정보유통지원
시스템 홈페이지(http://seoji.nl.go.kr)와 국가자료공동목록시스템
(http://www.nl.go.kr/kolisnet)에서 이용하실 수 있습니다.
(CIP 제어번호: CIP2017010991)

교육문화출판미디어그룹 학지사
심리검사연구소 인싸이트 www.inpsyt.co.kr
원격교육연수원 카운피아 www.counpia.com
학술논문서비스 뉴논문 www.newnonmun.com